Zaiyi Yuyingli Hunningtu Qiaoliang Jiance
在役预应力混凝土桥梁检测
yu Lianghua Pinggu ji Jiagu Guanjian Jishu
与量化评估及加固关键技术

邬晓光　李彦伟　赵彦东　编著

人民交通出版社

内 容 提 要

本书系统总结了预应力混凝土桥梁的检测技术、评价方法，介绍了基于动态可靠度理论的寿命预测相关理论，分析说明了加固设计、施工关键技术，并提供了相应的计算实例，具有较强的实用性和指导性。

本书可供桥梁加固设计技术人员参考使用，也可供大专院校相关专业师生学习借鉴。

图书在版编目（CIP）数据

在役预应力混凝土桥梁检测与量化评估及加固关键技术/邬晓光，李彦伟，赵彦东编著．--北京：人民交通出版社，2011.11
ISBN 978-7-114-08990-9

Ⅰ.①在… Ⅱ.①邬… ②李… ③赵… Ⅲ.①预应力混凝土桥-检测②预应力混凝土桥-量化-评估③预应力混凝土桥-加固 Ⅳ.①U448.35

中国版本图书馆 CIP 数据核字(2011)第 052748 号

书　　名：	在役预应力混凝土桥梁检测与量化评估及加固关键技术
著 作 者：	邬晓光　李彦伟　赵彦东
责任编辑：	高　培
出版发行：	人民交通出版社
地　　址：	(100011) 北京市朝阳区安定门外外馆斜街 3 号
网　　址：	http://www.ccpress.com.cn
销售电话：	(010) 59757969，59757973
总 经 销：	人民交通出版社发行部
经　　销：	各地新华书店
印　　刷：	北京鑫正大印刷有限公司
开　　本：	720×960　1/16
印　　张：	10.5
字　　数：	177 千
版　　次：	2011 年 11 月　第 1 版
印　　次：	2011 年 11 月　第 1 次印刷
书　　号：	ISBN 978-7-114-08990-9
定　　价：	30.00 元

（有印刷、装订质量问题的图书由本社负责调换）

前　言

预应力混凝土桥梁是目前国内外采用最多、应用最普遍的桥梁类型，随着使用年限的增加和桥梁使用环境的变化，它们都会出现不同程度的病害，有些甚至必须进行加固或改建。目前，我国众多在役预应力混凝土桥存在不同程度的材料老化、裂缝、结构损伤等病害和桥梁宽度不足造成车辆通行不畅等现象。重车、超载车辆比例的提高更加重了这些病害的程度，且新的桥梁设计规范中各项标准的提高，使得许多旧桥承载力不能满足新规范要求，这些因素降低了旧桥的使用功能，严重影响公路通行能力。我们对旧桥病害的检测评估和旧桥加固关键技术进行了认真研究，力求安全、合理、经济地恢复和提高旧桥的承载能力，并延长其使用寿命。

本书依托河北省重点攻关项目"在役预应力混凝土桥梁检测量化评估及加固关键技术研究"，以及浙江、山西、贵州等省相关桥梁加固改造工程，系统分析和总结了目前不同体系、不同截面形式的桥梁存在的病害，并进行了桥梁量化检测评估及加固关键技术研究，对加固方法进行优化设计。归纳起来本书内容主要包括以下几方面：

(1) 通过桥梁外观检查和材质状况与耐久性检测，确定桥梁的损伤状态，并对桥梁各构件的病害情况进行量化评定，得到桥梁结构的综合技术状况，然后对影响预应力混凝土桥梁承载能力的主要因素（混凝土、普通钢筋、预应力钢筋）进行评价，运用模糊综合评判方法对在役预应力混凝土桥梁耐久性进行初步评定。

(2) 根据预应力混凝土桥梁的现状及检测结果，对其承载能力进行模糊综合评定。在确定在役预应力混凝土桥梁参数衰减模型基础上，用JC法和神经网络技术计算预应力混凝土桥梁的动态可靠度，预测桥梁的剩余寿命。

(3) 研究存在结构缺陷桥梁的有限元计算建模方法，采用四种主要加固方法（增大截面加固法、粘贴钢板加固法、粘贴碳纤维加固法、体外预应力加固法）对不同结构形式的桥梁分别模拟，通过对比分析，得出其对结构承载力、刚度及抗裂性能的影响规律；结合其施工方法、适用环境等，对不同问题推荐行之有效的加固方法，以供加固设计参考。

(4)针对不同桥梁病害,提出适合不同桥型的加固方法,并对设计、施工中的关键技术进行探索和研究,主要包括受压区高度对碳纤维加固的有效性影响研究和旋转顶升技术在施工中的应用。

(5)对不同加固方法进行优化评估与经济性分析,实现加固方法的优化设计。确定综合评价指标,用优选法确定最优加固方法;通过量化模糊影响因素得到各因素的相对隶属度,用多层多目标模糊优选法优化设计加固方法。

本书研究成果的可行性和有效性通过依托工程的具体应用得到证明,为桥梁管理和养护部门的科学决策提供一定指导,具有巨大的经济效益和显著的社会效益,但是本书研究成果必须与国家和交通运输部颁布的各种现行公路混凝土桥梁设计规范、标准、规程(包括抗震设计规范)配套使用。本书研究成果主要适用于一般环境条件下公路上常见的、正在使用的钢筋混凝土、预应力混凝土桥梁结构;对于遭受大灾、处于严重污染的水环境以及沿海地区等特殊侵蚀介质中的公路混凝土桥梁,除应遵守本书研究成果的规定外,尚应遵照其他现行的有关规范及标准要求。

本书除由长安大学公路学院邬晓光和石家庄市交通局李彦伟及河北省交通规划勘察设计院赵彦东编著外,石家庄市交通局赵永祯与甘肃省公路局远大公司吕文全及长安大学赵京博士参加了部分编写工作,由于编写时间仓促,书中有错误之处在所难免,希望读者指正。

邬晓光

2011 年 1 月 1 日 西安

目 录

1 桥梁检测与量化评定 ··· 1
  1.1 桥梁检测与评定的意义 ·· 1
  1.2 预应力混凝土桥梁耐久性检测与量化评定 ··· 2
  1.3 预应力混凝土桥梁技术状况评定 ·· 24
  1.4 桥梁技术状况检测工程实例 ·· 30

2 在役预应力混凝土桥梁承载力评估与寿命预测 ··· 42
  2.1 在役预应力混凝土桥梁承载力评估方法 ··· 42
  2.2 基于动态可靠度的预应力混凝土桥梁寿命预测研究 ······································ 55

3 在役预应力混凝土桥梁加固方法有限元建模分析 ·· 74
  3.1 研究方向及模拟方法 ·· 74
  3.2 单元选取及材料特性确定 ·· 78
  3.3 非线性解的模拟思想 ·· 86
  3.4 不同加固方法的模拟思路 ·· 87
  3.5 加固实例 ·· 87
  3.6 体外预应力加固实例 ··· 109
  3.7 加固效果分析建议 ·· 118

4 预应力混凝土桥梁加固设计关键技术 ·· 120
  4.1 预应力混凝土桥梁常用加固技术综述 ·· 120
  4.2 预应力混凝土桥梁加固设计技术研究 ·· 128
  4.3 桥梁顶升旋转工艺技术 ·· 132

5 在役桥梁加固设计方案优化 ·· 140
  5.1 在役桥梁加固方案优选的意义 ··· 140
  5.2 在役桥梁加固方法选用的原则 ··· 141
  5.3 桥梁加固方案层次优选法 ·· 142
  5.4 桥梁加固方案优选的多目标决策技术 ·· 147

参考文献 ·· 154

1 桥梁检测与量化评定

1.1 桥梁检测与评定的意义

桥梁检测与量化评定的意义在于通过对在役预应力混凝土桥梁的检测评定,为在役桥梁使用的安全可靠及维修加固提供必要的依据和积累技术资料,建立桥梁数据库检验桥梁结构的技术状况;确定工程的可靠度,推动和发展在役桥梁评定及新结构的设计计算理论。具体桥梁检测与量化评定的意义如下。

(1)桥梁的承载能力是根据设计时所采用的荷载等级来确定的,而荷载等级又由各个时期所颁布的公路工程设计规范或桥梁设计规范所规定。我国的设计规范随着科技进步和社会发展,有过多次修订。虽然这些规范的制定充分考虑了当时的远景经济发展和社会诸多方面的需求,体现了当时的最先进技术,适应当时的建筑材料,但仍然难以摆脱历史的局限性。通过检测评定,可确定在役桥梁的荷载等级,从而决定是否需要通过加固来提高其荷载等级。

(2)近年来我国的经济发展迅速,反映在公路运输上主要表现为交通量猛增,运输量增大。桥梁由于运营使用多年,桥面出现老化、破损、裂缝等病害,已经满足不了现代交通的通行要求,且随着交通量的剧增,桥宽不能满足通行能力;另外,车型的变化也使桥面显得狭窄;因此需要通过检查确定桥梁各部位损坏程度,超重车辆是否能安全通过,并为临时加固提供技术资料。

(3)有一些桥梁因受到意外荷载的作用或周边环境的变化,如撞击、河道疏浚、洪水冲击、桥下或桥旁的挖掘等影响,而引起桥梁损坏,需要通过检测。

(4)有些在役桥梁由于历史或特殊原因资料不全,需通过检测重新建立和积累技术资料,为加强科学管理和提高桥梁技术水平提供必要条件。

(5)重要的大桥或特大桥梁,在建成之后,通过检测评定,可确定其设计与施工质量,确定工程的可靠度。

(6)对经过维修加固的桥梁,在进行竣工验收时,需要通过检测,检验维修加固的质量,并验证加固方法的合理性与可靠性。

(7)了解桥梁实际受力状态,判断结构的安全承载力和使用条件,为进行桥梁的维修加固提供可靠依据。

(8)根据桥梁检测评定的结论,确定其维修加固或拆除重建的方案,能节省大量投资,并可以在提高原有桥梁服务水平的基础上减少交通安全隐患,具有巨大的经济效益和显著的社会效益。

1.2 预应力混凝土桥梁耐久性检测与量化评定

1.2.1 桥梁概况及环境条件的调查

1)桥梁概况的调查

桥梁概况调查包括原始资料的调查与桥梁实地考察两部分。原始资料的调查主要是针对桥梁的设计、施工及使用、养护、维修、加固与管理情况进行的;桥梁实地考察主要是初步了解桥梁的技术状况和主要存在问题,并向相关人员调查了解桥梁病害史、使用中的特别事件、限重限速原因、交通状况、今后改扩建计划、水文、气候及环境等方面状况。

2)环境条件的调查

环境条件调查包括桥梁所处地区的气象条件调查和桥梁工作条件调查两部分。

(1)气象条件调查:平均温度、湿度;年最高温度、年最低温度、湿度;历史最高温度、最低温度、湿度;年最大降雨量、最小降雨量、平均降雨量;桥址处风环境等。调查方法主要参考当地气象部门的资料,必要时进行现场鉴定。

(2)工作条件调查:交通状况、桥梁是否处于风口处、构件是否易受雨水侵蚀、潮沟与泡溅情况、构件工作环境的温、湿度,干湿交替情况,周围 CO_2 浓度、有无有害气体、酸碱度及冻融情况等,调查方法以查询桥梁养护管理人员为主,必要时进行现场测定。

推荐桥梁所处环境条件影响分级评定标准见表1-1:

推荐桥梁所处环境影响的分级评定标准　　　　表1-1

环境类别	环境条件		环境影响系数
Ⅰ(可忽略)	非寒冷或寒冷地区的大气环境,水或土壤无侵蚀性;干燥环境;风环境	内陆干旱地区	1.0
Ⅱ(轻微)	严寒地区的大气环境;潮湿	不直接受日晒、雨淋或风蚀的构件;水下构件	1.1

续上表

环境类别	环境条件		环境影响系数
Ⅲ(中度)	内陆潮湿气候; 干湿交替	一般环境,受日晒、雨淋或风蚀的构件;靠近地表受地下水影响的构件	1.2
Ⅳ(严重)	酸雨或沿海环境; 接触除冰盐构件	沿海盐雾地区;酸雨或盐碱环境	1.3
Ⅴ(恶劣)	干湿交替,有侵蚀性水、气体或土壤;高度水饱和并受冻融循环	海水浪溅、潮差区	1.4

1.2.2 表观损伤的检测与评定

表观检查包括:桥梁整体与局部构造几何尺寸的量测、结构病害(结构裂缝、结构附属设施病害)的检查与量测等。表观检查的项目和要求对不同的桥型有不同的侧重点。表观检查要达到可以定量反映桥梁当前结构状况、依据相关规范评定桥梁技术等级的要求。结构资料的调查包括:了解桥梁的原结构设计、施工工艺及过程以及桥梁的结构维修养护历史等。

1)检测方法

表观损伤总体上可分为:①裂缝,包括非结构受力裂缝和结构受力裂缝;②层离、剥落或露筋及掉棱或缺角;③蜂窝麻面、表面侵蚀及表面沉积等。

裂缝检测的主要内容为:裂缝的形态;裂缝的分布情况;裂缝周围有无锈迹、锈蚀产物和凝胶泌出物;裂缝的宽度、长度和间距等。检测以目力检查为主,辅以刻度放大镜(最小分辨率不得大于0.05mm)量测宽度,用钢卷尺(最小分辨率不得大于1.0mm)量测裂缝的长度和间距。裂缝检测结果的描述,应注意如实反映裂缝的形态、分布情况和裂缝周边混凝土表面状况,尽可能采用图片进行表观损伤的描述,对所有的表观损伤均应有详尽的文字描述。对层离、剥落或露筋、掉棱或缺角、蜂窝麻面、表面侵蚀及表面沉积等表观损伤的检测,主要检测面积和深度,检测方法有目力检查、辅助钢尺测量和锤击检查。应检查宽度超过0.05mm的裂缝以及大小超过20mm的其他表观损伤。

2)表观损伤分级评定标准

(1)钢筋混凝土构件非结构受力裂缝,按表1-2分级标准进行评定。
(2)预应力混凝土构件非结构受力裂缝,按表1-3分级标准进行评定。
(3)钢筋混凝土构件结构受力裂缝,按表1-4分级标准进行评定。
(4)预应力混凝土构件结构受力裂缝,按表1-5分级标准进行评定。

钢筋混凝土构件非结构受力裂缝分级评定标准   表1-2

评定标度值	分级标准		
	裂缝最大宽度(mm)	裂缝部位	裂缝形态与分布
1	≤0.25	次要受力部位	少量短细裂缝
	≤0.20	主要受力部位	少量短细裂缝
2	≤0.30	次要受力部位	出现短细裂缝,开裂区域面积占其所在构件表面积的3%以下
	≤0.25	主要受力部位	出现短细裂缝,开裂区域面积占其所在构件表面积的2%以下
3	≤0.35	次要受力部位	出现较多的短细裂缝,开裂区域面积占其所在构件表面积的6%以下
	≤0.30	主要受力部位	出现较多的短细裂缝,开裂区域面积占其所在构件表面积的4%以下
4	≤0.40	次要受力部位	出现网状裂缝,开裂区域面积占其所在构件表面积的7%以下,或出现沿受力钢筋方向的裂缝
	≤0.35	主要受力部位	出现网状裂缝,开裂区域面积占其所在构件表面积的7%以下,或出现沿受力钢筋方向的裂缝
5	>0.40	次要受力部位	出现网状裂缝,开裂区域面积占其所在构件表面积的10%以上,或出现沿受力钢筋方向的裂缝,裂口有锈迹
	>0.35	主要受力部位	出现网状裂缝,开裂区域面积占其所在构件表面积的7%以上,或出现沿受力钢筋方向的裂缝,裂口有锈迹
备注	当结构所处环境条件影响系数大于等于1.1时,表观裂缝宽度限值减去0.05mm后取用		

预应力混凝土构件非结构受力裂缝分级评定标准   表1-3

评定标度值	分级标准		
	裂缝最大宽度(mm)	裂缝部位	裂缝形态与分布
1	≤0.10	次要受力部位	少量短细裂缝
	无	主要受力部位或预应力筋部位	无裂缝
2	≤0.15	次要受力部位	出现短细裂缝,开裂区域面积占其所在构件表面积的3%以下
	≤0.05	主要受力部位或预应力筋部位	少量短细裂缝

续上表

评定标度值	分级标准		
	裂缝最大宽度(mm)	裂缝部位	裂缝形态与分布
3	≤0.20	次要受力部位	出现较多的短细裂缝,开裂区域面积占其所在构件表面积的6%以下
3	≤0.10	主要受力部位或预应力筋部位	出现短细裂缝,开裂区域面积占其所在构件表面积的3%以下
4	≤0.25	次要受力部位	出现网状裂缝,开裂区域面积占其所在构件表面积的10%以下;或出现沿受力钢筋方向的裂缝
4	≤0.15	主要受力部位或预应力筋部位	出现网状裂缝,开裂区域面积占其所在构件表面积的6%以下
5	>0.25	次要受力部位	出现网状裂缝,开裂区域面积占其所在构件表面积的10%以上;或出现沿受力钢筋方向的裂缝
5	>0.15	主要受力部位或预应力筋部位	出现网状裂缝或出现沿预应力筋方向的裂缝,开裂区域面积占其所在构件表面积的6%以上
备注	当结构所处环境条件影响系数大于等于1.1时,表观裂缝宽度限值减去0.05mm后取用		

钢筋混凝土构件结构受力裂缝分级评定标准表　　表1-4

评定标准值	分级标准			
	裂缝部位	裂缝长度或高度	受力钢筋处裂缝宽度(mm)	裂缝的最小与平均间距(cm)
1	次要受力部位	纵向长度小于构件长度1/6,或高度不足截面尺寸1/3	≤0.10	≥50
1	主要受力部位		≤0.05	≥50
2	次要受力部位	纵向长度小于构件长度1/6~1/4,或高度不足截面尺寸1/3~1/2	≤0.15	≥30
2	主要受力部位		≤0.10	≥30
3	次要受力部位	纵向长度小于构件长度1/4~1/3,或高度不足截面尺寸1/2~2/3	≤0.20	≥20
3	主要受力部位		≤0.15	≥20
4	次要受力部位	纵向长度小于构件长度1/3~1/2,或高度不足截面尺寸2/3	≤0.25	<20
4	主要受力部位		≤0.20	<20

续上表

评定标准值	分级标准			
	裂缝部位	裂缝长度或高度	受力钢筋处裂缝宽度(mm)	裂缝的最小与平均间距(cm)
5	次要受力部位	纵向长度小于构件长度1/2,或裂缝基本贯穿	>0.30	开裂严重,裂缝与受力钢筋方向、间距重合,缝口有锈迹
	主要受力部位		>0.25	
备注	当结构所处环境条件影响系数大于等于1.1时,表观裂缝宽度限值减去0.05mm后取用			

预应力混凝土构件结构受力裂缝分级评定标准表　　表1-5

评定标准值	分级标准			
	裂缝部位	裂缝长度或高度	受力钢筋处裂缝宽度(mm)	裂缝的最小与平均间距(cm)
1	次要受力部位	纵向长度小于构件长度1/6,或高度不足截面尺寸1/4	≤0.05	≥50
	主要受力部位		无	
2	次要受力部位	纵向长度小于构件长度1/6~1/4,或高度不足截面尺寸1/4~1/3	≤0.10	≥30
	主要受力部位		无	
3	次要受力部位	纵向长度小于构件长度1/4~1/3,或高度不足截面尺寸1/3~1/2	≤0.15	≥20
	主要受力部位		无	
4	次要受力部位	纵向长度小于构件长度1/3~1/2,或高度不足截面尺寸1/2~2/3	≤0.20	<20
	主要受力部位		≤0.10	
5	次要受力部位	纵向长度小于构件长度1/2,或高度不足截面尺寸2/3,裂缝基本贯穿	>0.20	开裂严重,裂缝与受力钢筋方向、间距重合
	主要受力部位		>0.10	
备注	当结构所处环境条件影响系数大于等于1.1时,表观裂缝宽度限值减去0.05mm后取用			

(5)钢筋混凝土结构构件表观损伤(除裂缝),按表1-6分级标准进行评定。

(6)预应力混凝土结构构件表观损伤(除裂缝),按表1-7分级标准进行评定。

钢筋混凝土结构构件表观损伤(除裂缝)分级评定标准表　　表1-6

评定标准值	分级标准		
	裂缝部位	缺陷类型	层离、剥落或露筋、掉棱或缺角
			蜂窝麻面、表面侵蚀、表面沉积
1	主要受力部位	累积损伤面积占构件外露表面积的3%以下,或由于损伤引起的构件截面最大损失率小于5%	
	次要受力部位	累积损伤面积占构件外露表面积的6%以下,或由于损伤引起的构件截面最大损失率小于10%	
2	主要受力部位		
	次要受力部位	累积损伤面积占构件外露表面积的10%以下,或由于损伤引起的构件截面最大损失率小于15%	
3	主要受力部位		
	次要受力部位	累积损伤面积占构件外露表面积的15%以下,或由于损伤引起的构件截面最大损失率小于20%	
4	主要受力部位		
	次要受力部位	累积损伤面积占构件外露表面积的20%以下,或由于损伤引起的构件截面最大损失率小于25%	
5	主要受力部位	累积损伤面积大于外露表面积的15%,或由于损伤引起的构件截面最大损失率大于20%	
	次要受力部位	累积损伤面积大于外露表面积的20%,或由于损伤引起的构件截面最大损失率大于25%	

预应力混凝土构件表观损伤(除裂缝)分级评定标准表　　表1-7

评定标准值	分级标准		
	裂缝部位	缺陷类型	层离、剥落或露筋、掉棱或缺角
			蜂窝麻面、表面侵蚀、表面沉积
1	主要受力部位	构件外观基本完好	
	次要受力部位	累积损伤面积占构件外露表面积的3%以下,或由于损伤引起的构件截面最大损失率小于5%	
2	主要受力部位		
	次要受力部位	累积损伤面积占构件外露表面积的6%以下,或由于损伤引起的构件截面最大损失率小于10%	
3	主要受力部位		
	次要受力部位	累积损伤面积占构件外露表面积的10%以下,或由于损伤引起的构件截面最大损失率小于15%	
4	主要受力部位		
	次要受力部位	累积损伤面积占构件外露表面积的15%以下,或由于损伤引起的构件截面最大损失率小于20%	
5	主要受力部位	累积损伤面积大于外露表面积的10%,或由于损伤引起的构件截面最大损失率大于15%	
	次要受力部位	累积损伤面积大于外露表面积的15%,或由于损伤引起的构件截面最大损失率大于20%	

1.2.3 混凝土强度的检测与评定

1) 一般要求

(1) 为了突出混凝土桥梁结构的特殊性,混凝土强度检测评定分为结构或构件的强度检测评定与承重构件的主要受力部位的强度检测评定。如主梁,根据具体检测目的和检测要求,选择合适的方法进行检测时,可对主梁整个(批)构件进行检测评定,也可对主梁跨中部位进行混凝土强度的检测评定,但测区布置必须满足规定。

(2) 原则上对结构不采取破损检测,但在其他方法不能准确评定结构(构件)或承重构件主要受力部位的混凝土强度时,应采用取芯法结合其他方法综合评定。在结构上钻、截试件时,应尽量选择在承重构件的次要部位或次要承重构件上,并应采取有效措施,确保结构安全。钻、截取试件后,应及时进行修复或加固处理。

(3) 对在役混凝土桥梁结构或构件,当有两个可测面时,宜采用超声-回弹综合法检测其结构混凝土强度。

但在下列情况下,不宜应用超声-回弹综合法检测结构混凝土强度:

①遭受冻害、化学腐蚀、火灾、高温损伤的混凝土。

②被测构件厚度小于10cm。

③结构表面温度低于-4℃或高于60℃。

(4) 超声-回弹综合法所使用的回弹仪,应满足回弹单一参数检测时的各项要求,如回弹仪的技术指标、检定及保养等。

2) 检测仪器技术要求

(1) 超声检测仪器的技术要求

①超声波检测仪器须具有产品合格证,并应是通过计量检定的。

②仪器的声时范围应为 $0.5 \sim 9\,999\mu s$,测读精度为 $0.1\mu s$。

③仪器应具有良好的稳定性,声时显示调节在 $20 \sim 30\mu s$ 范围内时,2h 内声时显示的漂移不得大于 $\pm 0.2\mu s$。

④仪器的放大器频率响应宜分为 10kHz~200kHz、200kHz~500kHz 两频段。

⑤仪器宜具有示波屏显示及手动游标测读功能,显示应清晰稳定。若采用整形自动测读,混凝土超声测距不得超过 1m。

⑥仪器应能适用于温度为 -10℃ ~ +40℃、相对湿度不大于80%、电源电压波动为 220V±22V 的环境中,且能连续4h正常工作。

(2)回弹仪的技术要求

①测定回弹值的仪器,宜采用示值系统为指针直读式的混凝土回弹仪。

②回弹仪必须具有制造厂的产品合格证及检定单位的检定合格证,并应在回弹仪的明显位置上具有下列标志:名称、型号、制造厂名(或商标)、出厂编号、出厂日期和中国计量器制造许可证标志 CMC 及许可证证号等。

③回弹仪应符合下列标准状态的要求:

a. 水平弹击时,弹击锤脱钩的瞬间,回弹仪的标准能量应为 2.207J。

b. 弹击锤与弹击杆碰撞的瞬间,弹击拉簧应处于自由状态,此时弹击锤起跳点应相应于指针指示刻度尺上"0"处。

c. 在洛氏硬度 HRC 为 60±2 的钢砧上,回弹仪的率定值应为 80±2。

④回弹仪使用时的环境温度应为 -4℃ ~ +40℃。

(3)换能器技术要求

①换能器宜采用厚度振动形式压电材料。

②换能器的频率宜在 50kHz ~ 100kHz 范围以内。

③换能器实测频率与标称频率相差应不大于 ±10%。

3)检测技术

(1)一般规定

①采用超声-回弹综合法检测桥梁结构或构件的混凝土强度前,应具有以下资料:

a. 工程名称及设计、施工、监理(或监督)和建设单位名称。

b. 结构或构件名称、外形尺寸、数量及混凝土强度等级。

c. 水泥品种、强度等级、安定性、出厂厂名,砂、石品种、粒径,外加剂或掺合料品种、掺量以及混凝土配合比等。

d. 模板类型、混凝土浇筑和养护情况以及成型日期。

e. 检测原因。

②桥梁结构或构件混凝土强度可采用的检测方式有如下两种:

a. 构件检测:适用于单个结构或构件的检测。

b. 部位检测:适用于对结构或构件关键控制部位的检测。

③结构或构件上的测区、关键控制部位的测区布置应满足下列要求:

a. 测区尺寸为 200mm×200mm。

b. 测区应均匀布置在构件混凝土浇筑方向的侧面,测区在两个相对应的侧面上应对称布置。

c. 按构件检测方式检测时,每一结构或构件的测区数不应少于10个,相邻两测区的间距不宜大于2m,测区应布置在结构或构件的重要部位及薄弱部位。

d. 按部位检测方式检测时,每一部位的测区数不应少于6个,相邻两测区的间距应控制在0.4m以内。

e. 测区避开钢筋密集区和预埋件。

f. 测区离构件端部或施工缝边缘的间距不宜大于0.4m,也不宜小于0.2m。

g. 测区应清洁、平整、干燥,不应有接缝、饰面层、浮浆和油垢,并避开蜂窝、麻面部位,必要时可用砂轮片清除杂物和磨平不平整处,并擦净残留粉尘。

h. 测区应注明编号,并记录测区位置和外观质量情况。

④结构或构件或关键控制部位的每一测区内,宜先进行回弹测试,后进行超声测试。

⑤非同一测区内的回弹值及超声声速值,在计算测区混凝土换算强度值时不得混用。

4) 检测方法

采用超声-回弹综合法进行检测。超声法和回弹法都是以材料的应力、应变特性与强度建立的一定对应关系为检测依据的。超声速度一方面反映材料的弹性性质,同时由于它穿过材料,因而也反映了材料内部构造的某些信息;回弹法则反映了材料的弹性性质,同时在一定程度上也反映了材料的塑性性质,但它只能确切反映混凝土表面(3cm左右)的状态。因此,超声法与回弹法的综合使用,既能反映混凝土的弹性,又能反映混凝土的塑性,既能反映表层的状态,又能反映内部的构造,因而能较确切地反映混凝土的强度。尤其是对龄期较长、表面碳化较严重的混凝土构件,综合法更加准确。

在选定构件后,按照均布原则布设若干20cm×20cm超声-回弹测区,应用回弹仪及混凝土超声波测试仪进行检测读取回弹值及声时值,经数据处理后得到强度平均值和推定强度值。结构或构件或关键控制部位混凝土强度计算汇总表见表1-8。

超声-回弹综合法测强原始记录表,见表1-9。

5) 混凝土强度评定标准

(1) 结构混凝土强度,应在结构承重构件或其主要受力部位布置测区,根据相关标准或规范,按照标准操作方法和技术要求进行测定。

(2)对混凝土桥梁结构,应根据每一承重构件或其主要受力部位的实测强度推定值和测区平均换算强度值,按式(1-1)和式(1-2)计算其推定强度匀质系数 K_{bt} 和平均强度匀质系数 K_{bm},并按表1-10对其强度状态作出评定。

推定强度匀质系数

$$K_{bt} = R_{it}/R \tag{1-1}$$

式中:R_{it}——承重构件或其主要受力部位混凝土的实测强度推定值;

R——承重构件混凝土极限抗压强度设计值。

平均强度匀质系数

$$K_{bm} = R_{im}/R \tag{1-2}$$

式中:R_{im}——承重构件或其主要受力部位测区平均换算强度值。

超声-回弹综合法检测混凝土强度计算汇总表　　表1-8

建设单位:　　　　工程名称:　　　　　　　第　　页　共　　页

项目 构件编号 或关键控制部位	测区换算强度 f_{cu}^c (MPa)											测区最小强度值 $f_{cu,min}^c$ (MPa)
	1	2	3	4	5	6	7	8	9	10	…	n	
强度平均值 $m_{f_{cu}^u}$ (MPa)					标准差 $S_{f_{cu}^u}$ (MPa)					推定强度值 f_{cu}^e (MPa)			

测试:　　　记录:　　　计算:　　　复刻:　　　测试日期:　　年　月　日

表 1-9 超声-回弹综合法测强记录表

项目编号/构件	测区	回弹值 R																修正后回弹值 R_m	超声声时值（μs）			t_m	测距（m）	声速（km/s）	修正后声速值 v_n	换算强度（MPa）	修正系数 η	备注
		1	2	3	4	5	6	7	8	9	10	11	12	13	14	15	16		1	2	3						
	1																										
	2																										
	3																										
	4																										
	5																										
	6																										
	7																										
	8																										
	9																										
	10																										
测试面状态		模板类型				回弹仪型号				测试前率定值				测试后率定值				测试方法					换能器型号		仪器零读数（μs）	
测试角度						回弹仪编号												超声仪型号					换能器频率			

工程名称：　　　　　　　　　　　　　　　　　　　　　　第 页 共 页

建设单位名称：

测试：　　　　　　记录：　　　　　　计算：　　　　　　测试日期：

1 桥梁检测与量化评定

结构混凝土现场检测强度的评定标准 表1-10

K_{bt}	K_{bm}	强度状态	评定标度值
≥0.95	≥1.00	良好	1
0.95 > K_{bt} ≥ 0.90	≥0.95	较好	2
0.90 > K_{bt} ≥ 0.80	≥0.90	较差	3
0.80 > K_{bt} ≥ 0.70	≥0.85	差	4
<0.70	<0.85	很差	5
备注	(1) $K_{bt} = R_{it}/R$ 式中：K_{bt}——推定强度匀质系数； R_{it}——承重构件或其主要受力部位混凝土的实测强度推定值； R——承重构件混凝土极限抗压强度设计值。 (2) $K_{bm} = R_{im}/R$ 式中：K_{bm}——平均强度匀质系数； R_{im}——承重构件或其主要受力部位测区平均换算强度值。			

1.2.4 钢筋锈蚀电位的检测与评定

1) 一般规定及适用范围

(1) 本方法用于估测正在使用的现场和实验室硬化混凝土中无镀层钢筋的半电池电位，测试与这些钢筋的尺寸和埋在混凝土中的深度无关。

(2) 本方法可以在混凝土构件使用寿命中的任何时期使用。

(3) 电位的测量，应由有经验的、从事结构检测的工程师或相关技术专家检测并解释，除了半电池电位测试之外，有必要使用其他数据，如氯离子含量、碳化深度、层离状况、混凝土电阻率和所处环境调查等，以形成关于钢筋腐蚀活动及其对结构使用寿命可能产生的影响。

(4) 本方法主要针对半电池电位法检测混凝土中钢筋锈蚀状况的原理，规定仪器的使用方法、检测方法和判定标准的应用方法。

(5) 钢筋锈蚀状况检测范围，应为主要承重构件或承重构件的主要受力部位，或根据一般检查结果有迹象表明钢筋可能存在锈蚀的部位。

(6) 本方法用于评定混凝土中钢筋的锈蚀活化程度，对特殊环境如海洋地区、盐碱地区中的混凝土结构，不具有普遍适用性。

2) 检测方法

(1) 本方法主要适用于针对半电池电位法检测混凝土中钢筋锈蚀状况的原

理,对主要承重构件或承重构件的主要受力部位,或根据一般检查结果有迹象表明钢筋可能存在锈蚀的部位进行检测。

(2)对于普通钢筋,在选定构件根据侧面尺寸确定钢筋锈蚀电位检测区域,布设7cm×3cm的网格,单个测区尺寸为20cm×20cm,应用钢筋锈蚀测量仪通过测量钢筋的自然电位来评定钢筋锈蚀可能性或锈蚀活动性。测量时用锈蚀测量仪探头测量网格节点的锈蚀电位,并绘出电位图。

对于预应力钢筋,局部打开混凝土,在预应力钢筋上钻小孔并拧上螺钉,用加压型接线夹夹在钉帽上,保证有良好的电连接。测量前预先将电极前端多孔塞充分浸湿,将铜/硫酸铜电极接二次仪表的正输入端,钢筋接二次仪表的负输入端。测点读数变动不超过2mV,可视为稳定,进行读数并记录数据。在同一测点,同一支参考电极,重复测读的差异不超过10mV;不同的电极重复测读的差异不超过20mV。

3)影响测量准确度的因素及修正

(1)混凝土含水量对测值的影响较大,测量时构件应处在自然干燥状态,否则与本书中的判据相差较大。

(2)为提高现场评定钢筋状态的可靠度,一般要进行现场比较性试验。现场比较性试验通常按已暴露钢筋的锈蚀程度不同,在它们的周围分别测出相应的锈蚀电位,比较这些钢筋的锈蚀程度和相应测值的对应关系,提高评判的可靠度,但不能与有明显锈蚀、胀裂、脱空、层离现象的区域比较。

(3)若环境温度在22℃±5℃范围之外,应做温度修正。

(4)各种外界因素产生的波动电流对测量值影响较大,特别是靠近地面的测区,因此应避免各种电、磁场的干扰。

(5)混凝土保护层电阻对测量值有一定影响,除测区表面处理要符合规定外,仪器的输入阻抗要符合技术要求。

4)钢筋锈蚀电位评定标准

在对已处理的数据进行判读之前,将这些数据加以负号,绘制等电位图,然后进行判读。按照表1-11和表1-12的规定判断混凝土中钢筋发生锈蚀的概率或钢筋正在发生锈蚀的锈蚀活化程度系数 Tc。

1.2.5 有效预应力的检测与评定

1)检测方法

有效预应力的检测,可以采用由长安大学和西安力创公司联合研制的预应力钢索张力测试仪检测。

钢筋混凝土结构中钢筋锈蚀电位的判定标准　　　　表1-11

序号	电位水平(mV)	钢筋状态	评定标度值
1	0～-200	无锈蚀活动性或锈蚀活动性不确定	1
2	-200～-300	有锈蚀活动性,但锈蚀状态不确定,可能坑蚀	2
3	-300～-400	锈蚀活动性较强,发生锈蚀概率大于90%	3
4	-400～-500	锈蚀活动性强,严重锈蚀可能性极大	4
5	<-500	构件存在锈蚀开裂区域	5
备注	①表中电位水平为采用铜-硫酸铜电极时的量测值。②混凝土湿度对量测值有明显影响,量测时构件应为自然状态,否则用此评定标准误差较大		

预应力混凝土结构中钢筋锈蚀电位的判定标准　　　　表1-12

序号	电位水平(mV)	钢筋状态	评定标度值
1	0～-75	无锈蚀活动性或锈蚀活动性不确定	1
2	-75～-125	有锈蚀活动性,但锈蚀状态不确定,可能坑蚀	2
3	-125～-175	锈蚀活动性较强,发生锈蚀概率大于90%	3
4	-175～-225	锈蚀活动性强,严重锈蚀可能性极大	4
5	<-225	构件存在锈蚀开裂区域	5
备注	①表中电位水平为采用铜-硫酸铜电极时的量测值。②混凝土湿度对量测值有明显影响,量测时构件应为自然状态,否则用此评定标准误差较大		

(1)普通钢筋应力释放法

对已经承受恒载及预加力作用的梁体截面,通过切割部分普通钢筋进行应力释放,从而可以预测截面上有效预应力合力效应(预加合力和合力偏心距),进而用于预应力混凝土桥梁结构性能评价。具体实施方法为:在桥梁主要控制截面增设附加应力释放钢筋,要求与原构造钢筋牢固绑扎,以保证共同变形。在施工关键阶段对沿截面高度五个测点处普通钢筋进行应力释放,通过获取的释放应力得到各控制截面的实际应力状态。结合控制截面内消压弯矩的衰减度,基于截面预应力度的概念给出结构的分级评价。

①普通钢筋应力释放试验

普通钢筋应力释放试验的对象为目前大跨径预应力桥梁广泛使用的直径分别为12mm和16mm的R235、HRB335的普通钢筋。其材料指标按照《公路钢筋混凝土及预应力混凝土桥涵设计规范》(JTG D62—2004)中具有95%保证率的材料标准值取用。

对实际桥梁进行普通钢筋应力释放时,需要凿除梁体部分混凝土,露出部分普通钢筋便于切割测试试验。因此,为了尽量减小对梁体造成的局部损伤,并保证测试精度,需要研究凿除的梁体混凝土最优范围及其合理的释放时机、释放位置及释放工艺等内容,优化相应的普通钢筋应力释放测试过程。

②操作方法

a. 将构件中待测定的附加钢筋处混凝土保护层凿除,钢筋暴露长度以不小于20cm为宜;

b. 解除该范围内附加钢筋与混凝土的黏结,沿钢筋径向向两边打磨,分别在普通钢筋直径方向依据实际便宜的位置对称粘贴两钢筋应变片,并封蜡保护;

c. 应用小型切割设备释放普通钢筋应力,边切割边喷水冷却以减小切割温度的影响;

d. 割断普通钢筋后,分时间段监控测量释放应变,首次量测应控制在切割过程完成后2min内采集数据;

e. 对附加钢筋保护层破损处用细石混凝土进行修补。

③普通钢筋初始应力的检测方法

测点选取的原则:

a. 便于操作;

b. 计算在恒载和预应力作用下测试截面的中性轴位置,测点选取时尽量远离中性轴,以减小相对误差;

c. 针对每个截面,根据具体特征布设的测点数为3~5个点,以减小因个别数据偏差较大而引起的误差。

具体计算步骤如下:

a. 选取测试截面,并选取合理的测点;

b. 凿除测点的混凝土,露出附加普通钢筋,并在钢筋上贴应变片;

c. 切断钢筋使应力释放,测得钢筋上的总应变 ε_{zi};

d. 利用有限元模型求得各根钢筋在该截面上恒载引起的应变 ε_{hi};

e. 用总应变 ε_{zi} 扣除恒载引起的应变 ε_{hi} 得到预应力引起的应变 ε_i,即可以得到测试截面上钢筋各测点由预应力引起的应变,从而得到相应的初始应力。

④最小二乘法线性回归截面应力状态

a. 方程的建立

若在测试截面上选取五个测点并测得各点的初始应力,设为 $\sigma(y_i)$ ($i = 1, 2, \cdots, 5$)。按照平截面假定,五个点应该成线性关系,但是由于外界环境及试验条件等的限制,五个点一般不在同一条直线上,为了使实验数据更加合理,需要用最小二乘法对试验数据进行线性回归。假设线性方程为

$$\sigma(y) = \alpha y + \beta \tag{1-3}$$

式中:y——测点距截面底缘的距离;

$\sigma(y)$——测点应力;

α、β——待定参数。

b. 参数的求解

如果 $\sigma(y_i)$($i = 1,2,\cdots,5$)在一条直线上,可以认为变量之间的关系为 $\sigma(y) = \alpha y + \beta$,但一般说来,这些点不可能在同一条直线上。记 $\varepsilon_i = \sigma_{yi} - (\alpha y_i + \beta)$,它反映了 $\sigma_y = \alpha y + \beta$ 来描述 $y = y_i$,$\sigma_y = \sigma_{yi}$ 时,计算值 σ_y 与实测值 σ_{yi} 产生的偏差。在此,用 $\sum_{i=1}^{5}\varepsilon_i^2$ 来度量总偏差。因偏差的平方和最小可以保证每一个偏差都不会很大,于是问题归结为确定 $\sigma_y = \alpha y + \beta$,使 $F(\alpha,\beta) = \sum_{i=1}^{5}\varepsilon_i^2 = \sum_{i=1}^{5}(\sigma_{yi} - \alpha y_i - \beta)^2$ 为最小。由极值原理得 $\frac{\partial F}{\partial \alpha} = \frac{\partial F}{\partial \beta} = 0$,即

$$\alpha = \frac{5\sum_{i=1}^{5}y_i\sigma(y_i) - \sum_{i=1}^{5}y_i\sum_{i=1}^{5}\sigma_{yi}}{5\sum_{i=1}^{5}y_i^2 - (\sum_{i=1}^{5}y_i)^2} \tag{1-4}$$

$$\beta = \frac{\sum_{i=1}^{5}\sigma_{yi}}{5} - \frac{\alpha\sum_{i=1}^{5}y_i}{5} \tag{1-5}$$

⑤截面平衡求解算法

在预应力作用下,截面将产生应力,通过最小二乘法得到混凝土沿高度方向的应力方程为 $\sigma(y) = \alpha y + \beta$。

图 1-1 为预应力作用下截面应力图。

由截面平衡得:

$$N_{pe} = \int_{0}^{h}\sigma(y)b(y)\mathrm{d}y \tag{1-6}$$

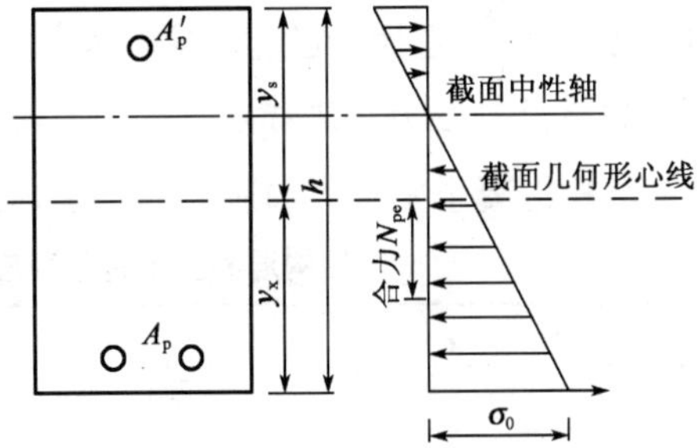

图1-1 预应力作用下截面应力图

$$N_{pe}e = \int_{0}^{h}\sigma(y)b(y)(y_x - y)\mathrm{d}y \tag{1-7}$$

式中:N_{pe}——预应力合力;

e——预应力合力偏心距;
$\sigma(y)$——截面上混凝土在 y 处的应力;
$b(y)$——截面在 y 处的宽度;
y_x——截面形心轴距底缘距离。

可以利用定积分的定义,将截面高度分为 n 等份,其展开形式如下:

$$N_{pe} = \int_0^h \sigma(y)b(y)dy = \frac{h}{n}\sum_{i=1}^{5}\sigma(y_i)b_i \tag{1-8}$$

$$N_{pe}e = \int_0^h \sigma(y)b(y)(y_x - y)dy = \frac{h}{n}\sum_{i=1}^{5}\sigma(y_i)b_i\left[y_x - \frac{(2i+1)h}{2n}\right] \tag{1-9}$$

其中

$$\sigma(y_i) = \frac{\alpha h i}{n} + \beta \tag{1-10}$$

(2)横张增量法

横张增量法是对两端张拉钢绞线的跨中横向施加作用力,测试其横向变位值,从而推算钢束中张力,并将实测数据与理论值进行对比分析。根据预应力混凝土梁桥的构造特点,对施工阶段或成桥结构关键预应力束进行直接检测。具体实施方法为:在施工阶段预留检测槽口,切割波纹管并对暴露出的目标钢束进行钢索张力的直接检测。通过分级横向位移 δ_i 及对应横向张力 T_i(i 为横向位移分级)作为基础采集数据,结合实用公式得到关键钢束的有效预应力值。

由于槽口形成是采用先预留木模板后浇筑混凝土的工艺,槽口范围内的构造钢筋和定位钢筋须截断,待槽口封闭时重新补强,从而完成有效预应力测算的,故此方法不适用于已建桥梁的有效预应力检测。

2)有效预应力分级标准

结构混凝土中有效预应力的判定标准推荐值见表 1-13。

结构混凝土中有效预应力的判定标准推荐值 表 1-13

序号	$\|\sigma_{设} - \sigma_{实}\|/\sigma_{设}$	有效预应力情况	评定标度值
1	<0.025	预应力损失很小,有效预应力与设计初值相近	1
2	0.025~0.0875	预应力损失在容许范围内,不会影响结构承载力	2
3	0.0875~0.1375	产生预应力损失,可能影响结构承载力	3
4	0.1375~0.1875	预应力损失较大,主梁下挠,会影响结构承载力	4
5	>0.1875	预应力损失很大,主梁下挠明显,严重影响结构承载力	5
备注	有效预应力的测定值与钢束形状及施工方法有关,分级界限可根据实际桥梁和工程经验做相应调整		

1.2.6 氯离子含量的检测与评定

1)一般规定

氯离子含量的测定方法主要有两种:试验室化学分析法和滴定条法(Quanta-Strips)。滴定条法可在现场完成氯离子含量的测定。

混凝土中的氯离子含量,可采用现场按混凝土不同深度取样,测定结果须能反映氯离子在混凝土中随深度的分布,根据钢筋处的混凝土氯离子含量判断引起钢筋锈蚀的危险性。

氯离子含量的测定,应根据构件的工作环境条件及构件本身的质量状况确定测区,测区应选择能代表不同工作条件及不同混凝土质量的部位,测区宜参考钢筋锈蚀电位测量结果确定。

2)检测方法

混凝土中的氯离子是极强的阳极活化剂,当其浓度达到某一临界值时,可使混凝土中的钢筋失去钝化,引起并加速混凝土中钢筋的锈蚀。因此,对于旧混凝土结构来说,测定其氯离子含量是判断分析混凝土中钢筋锈蚀原因及混凝土内部钢筋发生锈蚀可能性的重要依据。

在桥梁的不同位置,钻取混凝土样品,在样品上注明钻取位置和钻取深度。样品送到实验室后,取200g试样,烘干、研成粉末、过筛,先做定性试验,由此结果确定试验样品量。样品经酸处理后过滤,用电位滴定法测氯离子含量,用二次微商法计算结果,检测氯离子含量随深度增加的变化规律。

3)氯离子含量的分级评定标准

(1)氯化物浸入混凝土引起钢筋的锈蚀,其锈蚀危险性受到多种因素的影响,如碳化深度、混凝土含水量、混凝土质量等,因此应进行综合的分析。

(2)根据每一取样层氯离子含量的测定值,做出氯离子含量的深度分布曲线,判断氯化物是混凝土生成时已有的,还是结构使用过程中由外界渗入的以及浸入的。

(3)混凝土中的氯离子含量,可按表1-14的评定标准确定其引起钢筋锈蚀的可能性。

1.2.7 混凝土中钢筋分布及保护层厚度的检测与评定

1)一般规定及适用范围

(1)应在无资料或其他原因需要对结构进行调查的情况下采用本方法。

结构混凝土中氯离子含量的评判标准　　　　表1-14

氯离子含量(占水泥含量的百分比)%	<0.15	0.15~0.4	0.4~0.7	0.7~1.0	>1.0
诱发钢筋锈蚀的可能性	很小	不确定	有可能诱发钢筋锈蚀	会诱发钢筋锈蚀	钢筋锈蚀活化
评定标度值	1	2	3	4	5

（2）进行其他测试之前需要避开钢筋进行的测试。

（3）本项调查与检测工作，应由有经验的、从事结构检测的工程师或技术专家检测并解释，除了混凝土中钢筋分布及保护层厚度检测以外，根据需要有必要结合其他项目，以综合评定混凝土中钢筋锈蚀活动及其对结构使用寿命的影响。

（4）检测，针对主要承重构件或承重构件的主要受力部位，或钢筋锈蚀电位测试结果表明钢筋可能锈蚀活化的部位，以及根据结构检算及其他检测需要确定的部位。

2）检测方法

应用电磁式钢筋保护层测试仪对选定区域的钢筋状况进行检测，主要包括：钢筋定位、钢筋直径估测与钢筋保护层厚度的测量，将实测的钢筋分布及保护层厚度绘制成图，与设计图纸进行比较。

3）影响测量准确度的因素及其修正

（1）影响因素

①外加磁场的影响，应予以避免。

②混凝土若具有磁性，测量值需加以修正。

③钢筋品种对测量值有一定影响，主要是高强钢筋需加以修正。

④不同的布筋状况，钢筋间距会影响测量值，当 $D/S<3$ 时需修正测量值。D 为钢筋净间距（mm），即钢筋边缘至相邻钢筋边缘的间距；S 为保护层厚度，即钢筋边缘至保护层表面的最小距离。

（2）保护层测量值的修正

当钢筋直径、材质、布筋状况、混凝土性质都确知时，才能准确测量保护层厚度，而实际测量时，往往这些因素都是未知的。

①用标准垫块进行综合修正，这种方法适用于现场检测，标准垫块用硬质无磁性材料制成，例如，工程塑料或电工用绝缘板，平面尺寸与仪器传感器底面相同，厚度 S_b 为10mm或20mm，修正系数 K 计算方法如下：

a. 将传感器直接置于混凝土表面已标好的钢筋位置正上方,读取测量值 S_{m1}。

b. 将标准垫块置于传感器原在混凝土表面的位置,并把传感器放于标准垫块之上,读取测量值 S_{m2},则修正系数 K:

$$K = \frac{S_{m2} - S_{m1}}{S_b} \tag{1-11}$$

c. 对于不同钢种和直径应确定各自的修正系数,每一修正系数应采用 3 次平均求得。

②用校准孔进行综合修正,这也是现场校准测量值的有效方法。

a. 用 6mm 钻头在钢筋位置正上方,垂直于构件表面打孔,手感碰到钢筋立即停止,用深度卡尺量测钻孔深度,即为实际的保护层厚度 S_r,则修正系数 K 为:

$$K = \frac{S_m}{S_r} \tag{1-12}$$

式中:S_m——仪器读数值。

b. 对于不同钢种和直径应打各自的校准孔,一般应不少于 2 个,求其平均值。

③现场检测的准确度,经过修正后确定的保护层厚度值,准确度可在 10% 以内,因混凝土表面的平整度及各种影响因素仍会给测量带来误差。

④用图示方式注明检测部位及测区位置,将各个测区的钢筋分布、走向绘制成图,并在图上标注间距、保护层厚度及钢筋直径等数据。

4)钢筋分布及保护层厚度的分级评定标准

(1)首先根据某一测量部位测点混凝土厚度实测值,按下式求出混凝土保护层厚度平均值 $\overline{D}_n$(精确至 0.1mm)。

$$\overline{D}_n = \frac{\sum_{i=1}^{n} D_{ni}}{n} \tag{1-13}$$

式中:D_{ni}——结构或构件测量部位,测点混凝土保护层厚度,精确至 1mm;

n——测点数。

(2)按照下式计算确定测量部位混凝土保护层厚度特征值 D_{ne}(精确至0.1 mm)。

$$D_{ne} = \overline{D} - KS_D \tag{1-14}$$

$$S_D = \sqrt{\frac{\sum_{i=1}^{n}(D_{ni})^2 - n(\overline{D}_n)^2}{n-1}} \tag{1-15}$$

式中：S_D——测量部位测点保护层厚度的标准差,精确至 0.1mm；

K——合格判定系数值,按表 1-15 取用。

混凝土保护层厚度合格判定系数值　　　　　　　表 1-15

n	10～15	16～24	≥25
K	1.695	1.645	1.595

（3）根据测量部位实测保护层厚度特征值 D_{ne} 与其设计值 D_{nd} 的比值,混凝土保护层厚度对结构钢筋耐久性评定的分级标准按表 1-16 评定。

混凝土保护层厚度的评定标准　　　　　　　表 1-16

D_{ne}/D_{nd}	对结构混凝土耐久性的影响	评定标度值
>0.95	影响不显著	1
0.85～0.95	有轻度影响	2
0.70～0.85	有影响	3
0.55～0.70	有较大影响	4
<0.55	钢筋易失去碱性保护,发生锈蚀	5

1.2.8 混凝土碳化深度的检测与评定

1）检测方法

空气中的 CO_2 等酸性气体能与混凝土中的 $Ca(OH)_2$ 发生中和反应使混凝土中性化。混凝土碳化会降低混凝土中的 pH 值,当混凝土中的碳化深度达到钢筋表面时,高碱性环境中钢筋表面钝化膜会遭到破坏,使钢筋易发生锈蚀。另外,碳化的混凝土虽然硬度增加,但强度却降低了,导致构件的实际有效截面折损。

混凝土碳化的检测,采用滴酚酞试剂的方法进行。在选定测区用冲击钻钻孔,然后用毛刷将粉尘清理干净,取注射针头将浓度为 1%～2% 的酚酞溶剂喷于孔内,碳化后呈中性的混凝土不会变色,而未碳化呈碱性的混凝土会变红,用游标卡尺测量从混凝土表面到变色交界处的距离。每个测区测量 3 个点,取平均值作为混凝土的碳化深度值。

2）混凝土碳化深度分级评定标准

混凝土碳化深度对钢筋锈蚀影响的评定,可取构件的碳化深度平均值与该类构件保护层厚度平均值之比,并考虑其离散情况,参考表 1-17 对构件进行评定。

混凝土碳化深度的评定标准 表 1-17

碳化层深度/保护层厚度	<1*	<1	=1	>1	>1**
评定标度值	1	2	3	4	5
备注	①*构件全部实测比值均小于1; ②**构件全部实测比值均大于1; ③宜分构件逐一进行评定				

1.2.9 混凝土电阻率的检测与评定

1)检测方法

混凝土的电阻率,反映其导电性。混凝土电阻率大,若钢筋发生锈蚀,则发展速度慢,扩散能力弱;混凝土电阻率小,锈蚀发展速度快,扩散能力强。因此对钢筋状况进行检测评定,测量混凝土的电阻率是一项重要内容。

混凝土电阻率的大小取决于混凝土中氯离子含量和混凝土湿度,混凝土电阻率检测测区应根据钢筋锈蚀电位测量结果确定,对钢筋锈蚀电位测试结果表明钢筋可能锈蚀活化的区域,应进行混凝土电阻率测量。

混凝土电阻率可采用四电极抗测量法测定,即在混凝土表面等间距接触四支电极,两外侧电极为电流电极,两内侧电极为电压电极,通过检测两电压电极间的混凝土阻抗获得混凝土电阻率 ρ。

2)混凝土电阻率的分级评定标准

混凝土电阻率的评定标准见表 1-18。

混凝土电阻率的评定标准 表 1-18

电阻率($\Omega \cdot cm$)	钢筋发生锈蚀可能的锈蚀速度	评定标度值
>20 000	很慢	1
15 000~20 000	慢	2
10 000~15 000	一般	3
5 000~10 000	快	4
<5 000	很快	5
备注	混凝土湿度对量测值有明显影响,量测时构件应为自然状态,否则不能使用此评判标准	

1.3 预应力混凝土桥梁技术状况评定

1.3.1 桥梁各部件技术状况评定方法

1) 全桥总体技术状况等级评定方法

全桥总体技术状况等级评定,宜采用考虑桥梁各部件权重的综合评定方法。亦可按重要部件最严重的缺损状况评定(见表1-19),或对照桥梁技术状况评定标准进行评定。

桥梁部件缺损状况评定方法   表1-19

缺损状况及标度		组合评定标度				
缺损程度及标度	程度	小——→大				
		少——→多				
		轻度——→严重				
	标度		0	1		2
缺损对结构使用功能的影响	无、不重要	0	0	1		2
	小、次要	1	1	2		3
	很重要	2	2	3		4
以上两项评定组合标度		0	1	2	3	4
缺损发展变化状况的修正	趋向稳定	-1	0	1	2	3
	发展缓慢	0	1	2	3	4
	发展较快	1	1	2	3	4	5
最终评定结果		0	1	2	3	4	5
桥梁技术状况及分类		完好	良好	较好	较差	差的	危险
		一类	二类	三类	四类	五类

注:"0"表示完好状态或表示没有设置的构造部件。当缺损程度标度为"0"时,不再进行叠加;"5"表示危险状态、或表示原未设置,而调查表明需要补设的部件。

2) 单个构(部)件耐久性权重

预应力钢束的作用,在预应力混凝土桥梁中,占有极其重要的地位,故有效预应力的检测是非常必要的,对混凝土构件材质状况检测项目及权重重新调整后结果如表1-20所示,预应力混凝土桥梁各部件技术状况推荐权重值如表1-21所示。

1 桥梁检测与量化评定

混凝土构件材质状况检测指标与耐久性指标推荐权重值　　表1-20

项 目		耐久性指标数 n	权重值(α_i)		备 注
混凝土表观损伤 a_1	裂缝	1	0.16	0.25	取用时按照实际检测项目的权重值进行取值
	层离、剥落或露筋、掉棱与缺角	2	0.05		
	蜂窝麻面、表面侵蚀、表面沉积	3	0.04		
混凝土强度 a_2		4	0.04		—
钢筋自然电位 a_3		5	0.10		—
氯离子含量 a_4		6	0.12		—
钢筋分布及保护层厚度 a_5		7	0.10		—
混凝土碳化深度 a_6		8	0.16		—
混凝土电阻率 a_7		9	0.04		—
有效预应力评估 a_8		10	0.19		—

3）桥梁总体量化评定

推荐的混凝土桥梁各构（部）件权重值　　表1-21

构（部）件	名 称	推荐权重 α_i
1	翼墙、耳墙	1
2	锥坡、护坡	1
3	桥台及基础	23
4	桥墩及基础	24
5	地基冲刷	8
6	支座	3
7	上部主要承重构件	21
8	上部一般承重构件	5
9	桥面铺装	1
10	桥头与路基连接部	3
11	伸缩缝	3
12	人行道	1
13	栏杆、护栏	1
14	灯具、标志	1
15	排水设施	1
16	调治构造物	3
备注	当各部件评定标度值为"1"时，表示好的状态，或表示没有设置的构造部件，不再进行叠加；"5"表示危险状态，或表示原未设置,而调查表明需要补设的部件	

对各构(部)件进行外观检查及材质状况耐久性检测后,得到相应的量化分值,可通过下列方法对桥梁技术状况进行评定。

$$D_r = 100 - \sum_{i=1}^{n} R_i W_i / 5 \qquad (1\text{-}16)$$

式中:R_i——按表1-18和表1-19方法对各部件确定的评定标度(1~5);

W_i——各部件权重,$\sum W_i = 100$;

D_r——全桥结构技术状况评分(0~100);评分高表示结构状况好,缺损少。

评定分类采用下列界限:

$D_r \geqslant 88$ 一类;

$88 > D_r \geqslant 60$ 二类;

$60 > D_r \geqslant 40$ 三类;

$40 > D_r$ 四类、五类;

$D_r \geqslant 60$ 的桥梁,并不排除其中有评定标度 $R_i \geqslant 3$ 的部件,仍有维修的需要。

1.3.2 桥梁综合评定标准

桥梁技术状况量化评定等级分为一类、二类、三类、四类、五类。桥梁总体及部件技术状况评定标准见表1-22。

桥梁技术状况评定标准　　　　表1-22

状态	一类	二类	三类	四类	五类
	完好、良好状态	较好状态	较差状态	差的状态	危险状态
总体评定	1.重要部件功能与材料均良好; 2.次要部件功能良好,材料有少量(3%以内)轻度缺损或污染; 3.承载能力和桥面行车条件符合设计标准	1.重要部件功能良好,材料有局部(3%以内)轻度缺损或污染,裂缝宽小于限值; 2.次要部件有较多(10%以内)中等缺损或污染; 3.承载能力和桥面行车条件达到设计指标	1.重要部件材料有较多(10%以内)中等缺损,裂缝宽超限值或出现轻度功能性病害,但发展缓慢,尚能维持正常使用功能; 2.次要部件有大量(10%~20%)严重缺损,功能降低,进一步恶化将不利	1.重要部件材料有大量(10%~20%)严重缺损,裂缝宽超限值、风化、剥落、露筋、锈蚀严重,或出现轻度功能性病害,且发展较快。结构变形小于或等于规范值,功能明显降低;	1.重要部件出现严重的功能性病害,且有继续扩张现象,关键部位的部分材料强度达到极限,出现部分钢筋断裂、混凝土压碎或杆件失稳变形的破损现象,变形大于规范值,结构的强度、刚度、稳定性和动力响应不能达到平时交通安全通行的要求;

续上表

	一类	二类	三类	四类	五类
总体评定			于重要部件和影响正常交通； 3. 承载能力比设计降低10%以内，桥面行车不舒适	2. 次要部件有20%以上的严重缺损，失去应有功能，严重影响正常交通； 3. 承载能力比设计降低10%~25%	2. 承载能力比设计降低25%以上
墩台与基础	1. 墩台各部分完好； 2. 基础及地基状况良好	1. 墩台基本完好； 2. 3%以内的表面有风化、麻面、短细裂缝，缝宽小于限值，砌体灰缝脱落； 3. 表面长有青苔、杂草； 4. 基础无冲蚀现象	1. 墩台3%~10%的表面有各种缺损，裂缝宽超限值，有风化、剥落、露筋、锈蚀现象，砌体灰缝脱落、局部变形等； 2. 出现轻微的下沉、倾斜、滑动、冻拔等现象，发展缓慢或趋向稳定； 3. 基础有局部冲蚀现象，桩基顶段被磨损	1. 墩台10%~20%的表面有各种缺损、裂缝宽而密，剥落、露筋、锈蚀严重，砌体大面积松动、变形； 2. 墩台出现下沉、倾斜、滑动、冻拔等现象，变形小于或等于规范值，台背填土有沉降裂缝或挤压隆起，变形发展较快； 3. 基础冲刷大于设计值，基底冲空面在10%~20%以内，桩基顶段被侵蚀、露筋、缩颈，或有环状冻裂，木桩腐蚀、蛀蚀严重	1. 墩台不稳定，下沉、倾斜、滑动、冻拔现象严重，变形大于规范值，造成上部结构和桥面变形过大，不能正常行车； 2. 墩台、桩基出现结构性裂缝，裂缝宽度超过限值； 3. 基底冲刷深度大于设计值，冲空面达20%以上，地基承载力降低，桥台岸坡滑移
支座	1. 各部分清洁完好，位置正确； 2. 支座工作状态正常	1. 支座有尘土堆积，略有腐蚀； 2. 支座滑动面干涩	1. 钢支座固定螺栓松动，锈蚀严重； 2. 橡胶支座开	1. 钢支座的组件出现断裂； 2. 橡胶支座老化开裂；	支座错位、变形、破损严重，已失去正常支承功能，使上下部结构受到异常约束，

续上表

	一 类	二 类	三 类	四 类	五 类
支座			始老化；3. 混凝土支座有剥落、露筋、锈蚀现象	3. 混凝土支座碎裂；4. 活动支座坏死，不能活动；5. 支座上下错位过大，有倾倒脱落的危险	造成支承部位的缺损和桥面的不平顺
砖石、混凝土上部结构	1. 结构完好，无渗水、无污染；2. 次要部位有少量短细裂纹，裂纹宽度小于限值	1. 结构基本完好；2. 3%以内的表面有风化、麻面、短细裂缝，缝宽小于限值，砌体灰缝脱落；3. 上下游侧表面有水迹污染，砌体滋生杂草	1. 结构3%~10%的表面有各种缺损，裂缝宽度超限值。有风化、剥落、露筋、锈蚀、桥面板裂缝渗水；2. 石砌拱桥砌体灰缝脱落，局部松动、外鼓；3. 横向连接件断裂、脱焊或松动，边梁或边拱肋有横移或外倾迹象	1. 结构10%~20%的表面有各种缺损，重点部位出现接近全截面的开裂，裂缝宽超限值，顺主筋方向有纵向裂缝、钢筋锈蚀和混凝土剥落严重，桥面开裂渗水严重，砌体有较大松动、变形；2. 结构存在明显的永久的变形，变形小于或等于规范值，桥面竖向成波形	1. 结构永久变形大于规范值；2. 重点部分出现全截面开裂，裂缝宽度超过限值，部分钢筋出现屈服或断裂，混凝土压碎，主拱圈出现四铰，成不稳定结构；3. 受压构件有严重的横向扭曲变形；4. 承载能力比设计值降低25%以上
钢结构	1. 各部件及焊缝均完好；2. 各节点铆钉、螺栓无松动；3. 各部分油漆均匀、完整、色泽鲜明	1. 各部件完好，焊缝无开缝；2. 少数节点有个别铆钉、螺栓松动变形；3. 油漆变色、起泡、剥落，面积在10%以内	1. 个别次要构件有局部变形，焊缝有裂纹；2. 连接铆钉螺栓损坏在10%以内；3. 油漆失效面积在10%~20%之间	1. 个别主要构件有扭曲变形、损伤裂纹、开焊严重锈蚀；2. 连接铆钉、螺栓损坏在10%~20%之间；3. 油漆失效面积在20%以上	1. 主要构件有严重扭曲变形、开焊，锈蚀削弱截面10%以上，钢材变质，强度性能恶化。油漆失效面积在50%以上；2. 节点板及连接铆钉、螺栓损坏在20%以上；3. 结构永久变形大于规范值；4. 结构振动或摆动过大，行车和行人有不安全感

续上表

	一类	二类	三类	四类	五类
人行道栏杆	完整清洁,无松动。少数构件局部有细裂纹、麻面	个别构件破损、脱落,3%以内构件有松动、开裂、剥落和污染	10%以内构件有松动、开裂、剥落、露筋、锈蚀、破损脱落	10%~20%构件严重损坏、错位、变形、脱落、残缺	
桥面铺装、伸缩缝	1.铺装层完好、平整、清洁或有个别细裂缝； 2.防水层完好,泄水管完好、畅通； 3.伸缩缝完好、清洁； 4.桥头平顺,无跳车现象	1.铺装层10%以内的表面有纵横裂缝、浅坑槽、波浪； 2.防水层基本完好;泄水管堵塞,周围渗水； 3.伸缩缝局部破损； 4.桥头轻度跳车,台背路面下沉在2cm以内	1.铺装层10%~20%的表面有严重的龟裂、深坑槽、波浪； 2.桥面板接缝处防水层断裂渗水,泄水管破损、脱落； 3.伸缩缝普遍缺损； 4.桥头跳车明显,台背路面下沉2~5cm	1.铺装层20%以上表面有严重的破坏,桥面普遍坑洼不平,积水； 2.防水层老化失效,普遍断裂、渗水。泄水管脱落,泄水孔堵塞； 3.伸缩缝严重破损、失效,难以修补； 4.桥头跳车严重,台背路面下沉大于5cm	
调治构造物	1.构造设置合理,功能正常； 2.构造物完好	1.构造功能基本正常； 2.构造物局部断裂,砌体松动、变形	1.构造本身抗洪能力不足,基础局部冲蚀严重； 2.构造物20%以内出现下沉、倾斜、局部坍塌	1.构造本身抗洪能力太低,基础冲蚀严重； 2.构造物20%以内被破坏,部分丧失功能或功能下降	
翼(耳)墙、锥(护)坡	1.翼(耳)墙完好无损,清洁； 2.锥(护)坡完好,无垃圾堆积,无草木滋生； 3.桥头排水沟和行人台阶完好	1.翼(耳)墙出现个别裂缝,缝宽小于限值,局部剥落,砌体灰缝脱落,面积在10%以内； 2.锥(护)坡局部塌陷,铺砌缺损,垃圾堆积,草木丛生； 3.桥头排水沟堵塞不畅通,行	1.翼墙断裂与桥台前墙脱开,但无明显外倾、下沉,砌体灰缝脱落,局部松动外鼓,面积小于20%； 2.锥(护)坡出现大面积塌陷,铺砌缺损,形成冲沟或积水坑,坡脚有局部	1.翼墙断裂、下沉、外倾失稳,砌体变形,部分严重倒塌； 2.锥(护)坡体和坡脚冲蚀严重,有滑移、坍塌,坡顶下降较大,作用明显减小； 3.桥头排水沟和行人台阶全部	

续上表

	一类	二类	三类	四类	五类
翼（耳）墙、锥（护）坡		人台阶局部塌陷	冲蚀；3.桥头排水沟和行人台阶损坏,功能降低	损坏,几乎消失	
照明、标志、附属设施	完好无缺,布置合理	照明灯泡坏,灯柱锈蚀,标志不正、脱落,附属设施基本完好	灯柱歪斜不正,灯具损坏,标志倾斜损坏,附属设施需保养维修	照明线老化破断或短路,灯柱、灯具残缺不齐,标志损失严重,附属设施需维修与更换	

1.4 桥梁技术状况检测工程实例

1.4.1 桥梁概况

坛窑中桥位于贵新公路K212+758处,全长为81.514m。上部构造:3×20m无黏结部分预应力混凝土空心板桥;下部构造:桥墩为双柱式墩,桥台为重力式U形桥台和实体式桥台。预应力混凝土空心板采用C50混凝土,墩帽及墩身为C25混凝土。桥面宽度为:净宽11m行车道+2×0.5m防撞栏,全宽12m。设计荷载:汽车—超20级,挂车—120。

1.4.2 桥梁检测与技术状况等级评估

1）外观检查量化指标评价

坛窑中桥为3×20m无黏结部分预应力混凝土空心板桥,每跨由8片空心板组成。1号跨实测跨径20.0m,2号跨实测跨径20.5m,1-左柱周长4.41m,2-右柱周长4.41m,坛窑中桥纵断面示意图如图1-2所示。为了解桥梁在施工时的截面尺寸控制情况,在大桥第二、一跨分别选取了空心板进行截面尺寸复核,尺寸如表1-23所示。

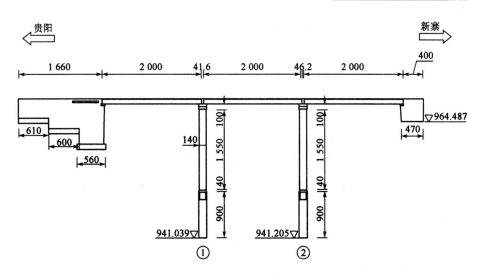

图 1-2 坛窑中桥纵断面示意图（尺寸单位：cm；高程单位：m）

梁体截面尺寸复核表　　　　　　　　　　表 1-23

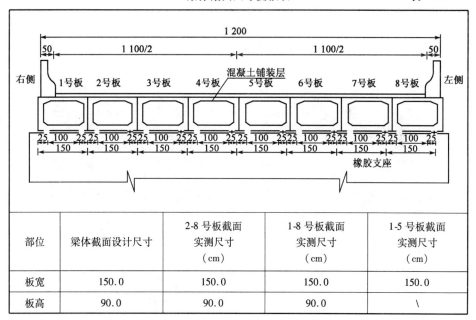

部位	梁体截面设计尺寸	2-8 号板截面实测尺寸（cm）	1-8 号板截面实测尺寸（cm）	1-5 号板截面实测尺寸（cm）
板宽	150.0	150.0	150.0	150.0
板高	90.0	90.0	90.0	\

从各跨高程图及全桥高程图可看出，大桥处位于水平曲线右弯段，桥梁左侧设置超高。大桥桥面高程线形平顺，无异常下挠点。盖梁截面尺寸复核表，见表 1-24。

盖梁截面尺寸复核表　　　　　　表1-24

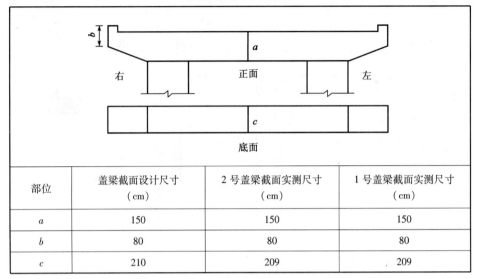

部位	盖梁截面设计尺寸 （cm）	2号盖梁截面实测尺寸 （cm）	1号盖梁截面实测尺寸 （cm）
a	150	150	150
b	80	80	80
c	210	209	209

2）桥面铺装及伸缩缝

桥面铺装有轻微细裂缝（图1-3、图1-4），1号伸缩缝橡胶条破损，行车通过时有轻微跳车现象。组合评定标度取4。

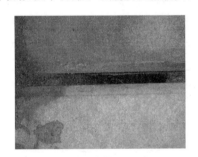

图1-3　1号伸缩缝橡胶破损

图1-4　2号伸缩缝完好

3）锥坡与桥台（图1-5～图1-8）

都匀岸锥坡均有大面积空壳，新寨岸基本完好。坛窑中桥桥台有白华现象，未见有钢筋外露及混凝土剥落及裂缝现象。组合评定标度取4。

4）桥墩与基础（图1-9）

全桥共有墩柱2排，经过检查无明显缺陷，外露承台表面有杂草和青苔，且有白华现象。桥墩与基础组合评定标度取2。

5)栏杆或防撞墙及排水设施

防撞墙完好,泄水孔左侧共 3 个(均正常工作),右侧共 10 个(均正常工作),组合评定标度取 1。

6)支座情况(图 1-10)

图 1-5　都匀岸右侧锥坡大面积空壳

图 1-6　都匀岸左侧锥坡大面积空壳

图 1-7　都均岸左侧

图 1-8　一跨 5 号 0 端橡胶支座

图 1-9　2 号左右柱

图 1-10　2 号盖梁都均方向

坛窑中桥共有 96 个橡胶支座,经过检查各梁体板式橡胶支座情况见表 1-25。发现支座表面有尘土堆积,略有腐蚀,故组合评定标度取 2。

橡胶支座情况表 表1-25

梁号		第 一 跨		第 二 跨		第 三 跨	
		0端	1端	0端	1端	0端	1端
T1	左	良好	良好	良好	良好	未检	良好
	右	良好	未检	未检	良好	良好	未检
T2	左	良好	良好	良好	良好	良好	良好
	右	良好	良好	未检	良好	未检	未检
T3	左	良好	良好	良好	良好	良好	良好
	右	未检	良好	良好	未检	良好	良好
T4	左	良好	未检	未检	良好	良好	良好
	右	良好	良好	良好	良好	良好	良好
T5	左	良好	良好	未检	良好	良好	良好
	右	未检	良好	良好	未检	未检	良好
T6	左	良好	良好	良好	良好	良好	良好
	右	良好	良好	良好	良好	良好	良好
T7	左	良好	良好	良好	良好	良好	良好
	右	良好	良好	良好	良好	良好	良好
T8	左	良好	良好	良好	未检	良好	良好
	右	良好	良好	未检	良好	良好	未检
备注		①0端表示该跨都匀方向支座,1端表示该跨新寨方向支座。②一块板一端有两支座,左表示左边的支座、右表示右边支座。③由于部分地方不能看清支座所以部分支座未检					

1.4.3 材质状况检测指标评价

坛窑中桥为 3×20m 无黏结部分预应力混凝土空心板桥,每跨由 8 片空心板组成。检查结果如下:

1) 表观损伤检测

(1) 第一跨

经过检查,第一跨各片梁体存在如表 1-26 所示缺陷。

表中梁体缺陷在梁体上位置及缺陷情况见图 1-11 及图 1-12、图 1-13。

(2) 第二跨

经过检查,第二跨各片梁体存在如表 1-27 缺陷。

1 桥梁检测与量化评定

第一跨梁体检查简要情况 表1-26

照片	板号	测位	位置	长(cm)	宽(cm)	简要说明
1	6	底	3/4	90.0	20.0	3/4处底面混凝土表面剥离
2	5	底	1/4	40.0	0.02	1/4处底面纵裂缝
3	4	底	1/2	130.0	0.02	1/2处底面纵裂缝
4	1	底	1/2	170.0	0.02	1/2处底面纵裂缝
5	3	底	1/2	100.0	0.02	1/2处底面纵裂缝

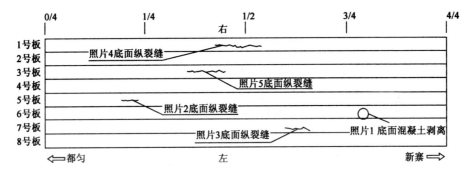

图1-11 坛窑中桥第一跨梁体缺陷及照片位置示意图

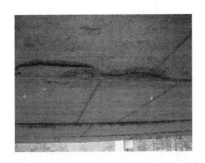

图1-12 5号板1/4处底面混凝土表面剥离

图1-13 1号板1/2处底面纵裂缝

第二跨梁体检查简要情况 表1-27

照片	板号	测位	位置	长(cm)	宽(cm)	简要说明
1	5	底	1/4	75.0	40.0	1/4处底面混凝土表面剥离
2	4	底	0/4~1/2	\	\	0/4~1/2处底面6条纵裂缝
3	4	底	1/4~3/4	\	\	1/4~3/4处底面5条纵裂缝
4	5	底	1/2	150.0	0.025	1/2处底面纵裂缝
5	5	底	1/2	\	\	1/2处底面3条纵裂缝

35

表中梁体缺陷在梁体上位置及缺陷情况见图1-14：

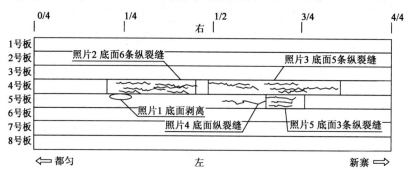

图1-14 坛窑中桥第二跨梁体缺陷及照片位置示意图

(3) 第三跨

经过检查，第三跨各片梁体存在如表1-28所示缺陷。

第三跨梁体检查简要情况　　　　　表1-28

照片号	板号	测位	位置	长(cm)	宽(cm)	简要说明
1	1	底	1/4	120.0	0.015	1/4处底面纵裂缝
1	1	底	1/4	100.0	0.015	1/4处底面纵裂缝
2	3	底	1/2	27.0	17.0	1/2处底面混凝土表面剥离
3	4	底	1/2	27.0	20.0	1/2处底面混凝土表面剥离
4	4	底	1/2	200.0	0.02	1/2处底面纵裂缝
4	4	底	1/2	400.0	0.02	1/2处底面纵裂缝
4	4	底	1/2	200.0	0.02	1/2处底面纵裂缝
5	4	底	3/4	120.0	0.025	3/4处底面纵裂缝
5	4	底	3/4	40.0	0.025	3/4处底面纵裂缝
6	6	底	1/2	190.0	0.03	1/2处底面纵裂缝
7	6	底	1/4	180.0	0.025	1/4处底面纵裂缝
7	6	底	1/2	300.0	0.020	1/2处底面纵裂缝

表中梁体缺陷在梁体上位置及缺陷情况见图1-15~图1-17：

梁体外观检测结果评价：

①裂缝：由于梁底裂缝为纵向裂缝，且处于受力钢筋位置，所以应属于结构受力裂缝。有13条裂缝宽度大于0.2mm，有两条为0.15mm。第二跨4号梁底有11条纵向裂缝，所以在1.5m宽的梁底裂缝间平均间距小于20cm。进行综合考虑，上部主要受力构件(梁体)裂缝的评定标度值为5。

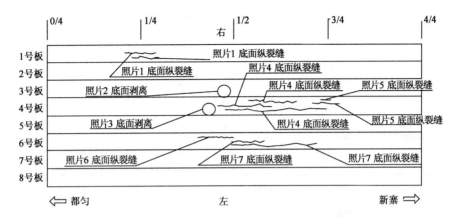

图1-15 坛窑中桥第三跨梁体缺陷及照片位置示意图

图1-16 1号板1/4处底面两条纵向裂缝

图1-17 3号板1/2处底面剥离

②层离、剥落或露筋及掉棱或缺角：本桥3跨共四处混凝土剥离掉角，总面积为 $0.214286m^2$。累积损伤表面积小于构件外露表面积的3%，由于在梁底，为主要受力部位，故评定标度值为2。

③蜂窝麻面、表面侵蚀及表面沉积：梁底有几处轻微蜂窝麻面现象，故评定标准值为2。

2）钢筋锈蚀电位的检测

实测桥跨结构各测区的钢筋锈蚀电位平均值列于表1-29中。

据上表知钢筋锈蚀电位在 $-300 \sim -200mV$ 之间，锈蚀活化程度的评定标度值取2。

3）混凝土中氯离子含量的测定

实测混凝土的氯离子含量在0.5%~0.6%。氯离子含量大于0.4%就有可能会发生钢筋锈蚀。氯离子含量的评定标度值取3。

钢筋锈蚀电位实测值汇总表 表1-29

测区编号	高度1	高度2	测区编号	高度1	高度2
1-1-1	-230	-270	1-2-1	-210	-230
1-1-2	-200	-290	1-2-2	-240	-220
1-1-3	-240	-280	1-2-3	-230	-280
1-1-1	-190	-140	1-2-1	-100	-120
1-1-2	-130	-150	1-2-2	-130	-160
1-1-3	-90	-120	1-2-3	-150	-180
备注					

备注：
①锈蚀电位单位：mV。
②测区编号：a-b-c，a表示第几跨，b表示几号梁，c表示测区号，如"1-2-3"表示第1跨2号梁3号测区。
③高度1距板侧面下缘30cm，高度2距板侧面下缘50cm。

4）钢筋保护层厚度及分布的检测

使用钢筋保护层检测仪对确定的检测区域进行了检测，钢筋间距和设计基本符合。根据测量部位实测保护层厚度特征值 D_{ne} 与其设计值 D_{nd} 的比值大于0.95，混凝土保护层厚度对结构和钢筋耐久性评定标度按表1-16取1。

5）混凝土碳化深度的检测

混凝土碳化深度实测值见表1-30。由于碳化深度/保护层厚度小于1，所以碳化深度对钢筋锈蚀的耐久性影响系数为1。

混凝土碳化深度实测值汇总表 表1-30

测区	测点号	位置	碳化深度(mm)		
1-1-1	1号	上游	2	3	1
1-1-2	2号	上游	2	2	3
1-1-3	3号	上游	2	3	2
1-8-1	4号	下游	2	2	2
1-8-2	5号	下游	2	2	2
1-8-3	6号	下游	2	2	2

6）混凝土强度检测

通过坛窑中桥回弹值表1-31可看出，各测试部位混凝土强度通过回弹测试及碳化深度修正后，坛窑中桥各回弹测试部位混凝土推定强度满足原设计预应力空心板C50混凝土、盖梁C25混凝土的强度要求。强度耐久性影响系数取1。

1 桥梁检测与量化评定

坛窑中桥回弹法强度检测表　　　　表1-31

部位	回　弹　值															强度推定值
2-7板	60	62	58	62	59	59	56	61	62	54	56	55	54	52	60	58	58.2
2号盖梁	54	52	50	46	44	50	54	50	46	34	42	50	40	46	34	50	48.0
2-右柱	44	52	46	50	44	44	43	46	45	52	50	49	48	50	48	50	48.4
1号盖梁	44	45	46	42	44	45	48	48	46	46	47	46	50	32	48	48	45.4

7）混凝土电阻率的检测

实测混凝土电阻率在10 000～15 000Ω·cm之间，根据表1-18，混凝土耐久性影响系数取3。

8）有效预应力评估

考虑本桥的使用时间，根据实测及理论分析结果，比值约为0.05，根据表1-32，影响系数取2。

有效预应力评估表　　　　表1-32

序号	$\|\sigma_设 - \sigma_实\|/\sigma_设$	有效预应力情况	评定标度值
1	<0.025	预应力损失很小，有效预应力与设计初值相近	1
2	0.025～0.0875	预应力损失在容许范围内，不会影响结构承载力	2
3	0.0875～0.1375	产生预应力损失，可能影响结构承载力	3
4	0.1375～0.1875	预应力损失较大，主梁下挠，会影响结构承载力	4
5	>0.1875	预应力损失很大，主梁下挠明显，严重影响结构承载力	5
备注	有效预应力的测定值与钢束形状及施工方法有关，分级界限可根据实际桥梁和工程经验做相应调整		

1.4.4 桥梁结构耐久性综合评价

本桥处于内陆干湿交替的地区，一般环境，受日晒、风蚀或雨淋的构件，环境类别为Ⅲ级，环境影响系数取1.2。

1）单一构件评价

混凝土构件材质状况检测指标与耐久性指标推荐权重值如表1-33所示，混凝土单一构件的耐久性评定标准如表1-34所示。

混凝土构件材质状况检测指标与耐久性指标推荐权重值　　表1-33

项　目		耐久性指标数 n	权重值(α_i)		评定标度值
混凝土表观损伤 a_1	裂缝	1	0.16	0.25	5
	层离、剥落或露筋、掉棱与缺角	2	0.05		2
	蜂窝麻面、表面侵蚀、表面沉积	3	0.04		2
混凝土强度 a_2		4	0.04		1
钢筋自然电位 a_3		5	0.10		2
氯离子含量 a_4		6	0.12		3
钢筋分布及保护层厚度 a_5		7	0.10		1
混凝土碳化深度 a_6		8	0.16		1
混凝土电阻率 a_7		9	0.04		3
有效预应力评估 a_8		10	0.19		2

混凝土单一构件的耐久性评定标准　　表1-34

$E_\text{单}$ 范围	$0.7 \leq E_\text{单} < 2$	$2 \leq E_\text{单} < 3$	$3 \leq E_\text{单} < 4$	$4 \leq E_\text{单} < 5$	$E_\text{单} \geq 5$
构件耐久等级	5	4	3	2	1
构件耐久性状况	完好	较好	一般	较差	很差

将前面各项阐述的评定标度值及权重值代入公式：

$$E_\text{单} = \frac{\delta \times \sum_{i=1}^{n} A_i \alpha_i}{\sum_{i=1}^{n} \alpha_i}$$

$= 1.2 \times (5 \times 0.16 + 2 \times 0.05 + 2 \times 0.04 + 1 \times 0.04 + 2 \times 0.10 + 3 \times 0.12 + 1 \times 0.10 + 1 \times 0.16 + 3 \times 0.04 + 2 \times 0.19)/1.0 = 2.808$

因 $2 < E_\text{单} = 2.808 < 3$，故构件耐久性等级为4，耐久性状况较好。则上部主要承重构件耐久等级为2.808。由于梁间的勾缝有部分脱落，开裂，故上部一般承重构件耐久性评定等级参照对主要承重构件评定结果，取2.808。

2）结构综合评估

本桥没有人行道、灯具和标志，且未检查地基冲刷和调制构造物，故人行道等构件的耐久等级取1，利用下表计算结构整体耐久性等级时不进行叠加。

结构的耐久性综合评价以组成该结构的各类构件的耐久性评定结果为依据,综合考虑各类构件的权重系数,将各类构件代入公式得:

$$D_r = 100 - \sum_{i=1}^{n} R_i W_i / 5 = 51.4$$

由于 $60 > D_r \geqslant 40$,根据桥梁综合评定标准,故本桥梁结构技术状况量化等级为三类桥梁,结构耐久性状一般。需要对桥梁进行中修,酌情进行交通管制。

2 在役预应力混凝土桥梁承载力评估与寿命预测

预应力混凝土桥梁结构的承载力是指构件及其节点抵抗轴力、剪力、扭矩或正应力、剪应力等的能力。承载能力极限状态是对应于桥梁及其构件达到最大承载能力或出现不适于继续承载的变形或变位的状态。"承载力"项目应涵盖构件、节点承载能力极限状态的以下几个方面：

(1)整个结构或结构的一部分作为刚体失去平衡，如滑动、倾覆等；

(2)结构构件或连接处因超过材料强度而破坏(包括疲劳破坏)，或因过度的塑性变形而不能继续承载；

(3)结构转变为机动体系；

(4)结构或结构构件丧失稳定，如柱的压屈失稳等。

对于新建桥梁，公路桥涵的持久状态设计按承载能力极限状态的要求，对构件进行承载力及稳定计算，必要时还应对结构的倾覆和滑移进行验算。预应力混凝土构件由于施加预应力以后截面应力状态较为复杂，各个受力阶段均有其不同受力特点，除了计算构件承载力外，还要计算弹性阶段的构件应力。这些应力包括截面混凝土的法向压应力、钢筋的拉应力和斜截面混凝土的主压应力。构件的应力计算实质上是构件强度的计算，是对构件承载力计算的补充。故对在役预应力混凝土桥梁承载力的评估而言，在使用阶段的有效预应力是一项必不可少的影响因素。

2.1 在役预应力混凝土桥梁承载力评估方法

2.1.1 层次分析法与模糊评价原理综述

1)层次分析法

层次分析法(Analytic Hierarchy Process,简称AHP)是匹兹堡大学著名运筹学家T. L. Satty于20世纪70年代提出的。这种方法是将与决策总是有关的元素分解成目标、准则、方案等层次,并在此基础之上进行定性和定量分析的决策方法。它的特点是将决策问题的目标、多种层次因素及对方案的分析,构造出层次结构,结合主观判断信息作出定量分析的方案优序排列,它将决策者的思维过程实现数量化、模型化,既简化了问题的系统分析计算,又有助于使决策者保持其思维过程的一致性。

权重的计算步骤如下:

①分析系统中各因素之间的关系,建立系统的递阶层次结构;

②对同一层次的各元素关于上一层次中某一准则的重要性进行两两比较,构造两两比较判断矩阵;

③由判断矩阵计算被比较元素对于该准则的相对权重;

④计算各层元素对系统目标的合成权重。

(1)建立递阶层次结构

应用层次分析法分析问题,首先要把问题条理化、层次化,构造出一个层次分析的结构模型。在这个结构模型下,复杂问题被分解为人们称之为元素的组成部分。这些元素又按其属性分成若干组,形成另一层次。同一层次的元素作为准则对下一层次某些元素起支配作用,同时又受上一层次元素支配。这些层次一般按目标层、准则层、子准则层、指标层排列。最高层表示解决问题的目的,即决策目标;中间层表示采用某种对策或措施来实现决策目标所涉及的中间环节,一般会有策略层、约束层、准则层等;最底层表示解决问题的对策或措施。

上述各层次之间的关系不一定是完全的,即可以存在这样的元素,它并不支配下一层次的所有元素而仅支配其中部分元素。这种自上而下的支配关系所形成的层次结构,我们称之为递阶层次结构,如图 2-1 所示。

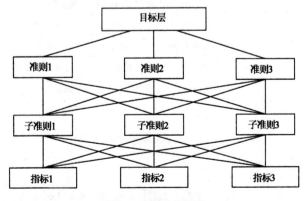

图 2-1 层次结构模型

递阶层次结构中的层次数与问题的复杂程度及需要分析的详尽程度有关，一般地可以不受限制。每一层次中各元素所支配的元素一般不要超过9个。这是因为支配的元素过多会给两两比较判断带来困难。一个好的层次结构对于解决问题是极为重要的，因而层次结构必须建立在决策者对所面临的问题有全面深入的认识的基础上。

(2) 构造判断矩阵

影响桥梁工作状态等级评定因素的重要性各不相同，需要确定其权重，为此在建立递阶层次结构后，应根据上下层次之间的隶属关系构造判断矩阵。即通过两两比较下一层次诸因素对上一层次某元素的相对重要性，并赋予一定的分值，一般采用5级标度法赋值，判断矩阵是AHP法的关键一步。

假定 A 层中元素 A_k 与下一层元素 $B = \{B_1, B_2, \cdots, B_n\}$ 有关，比较后得下面形式的判断矩阵：

A_k	B_1	B_2	B_3	$\cdots$	B_n
B_1	b_{11}	b_{12}	b_{13}	$\cdots$	b_{1n}
B_2	b_{21}	b_{22}	b_{23}	$\cdots$	b_{2n}
$\vdots$	$\vdots$	$\vdots$	$\vdots$		$\vdots$
B_n	b_{n1}	b_{n2}	b_{n3}	$\cdots$	b_{nn}

其中 b_{ij} 表示对于上层 A_k 元素而言，B_i 对 B_j 的相对重要性，b_{ij} 的判断评分数值，通常 1,2,3,…,9 及其倒数（Saaty 提出的标度方法），详见表2-1。

Saaty 标 度 法　　　　　表2-1

评分值	含　义
1	表示两因素相比，具有同样重要性
3	表示两因素相比，一个因素比另一个因素稍微重要
5	表示两因素相比，一个因素比另一个因素明显重要
7	表示两因素相比，一个因素比另一个因素强烈重要
9	表示两因素相比，一个因素比另一个因素极端重要
2	上述两相邻判断的中值
4	
6	
8	
倒数	如果因素 B_i 与因素 b_{ij} 比较得判断 b_{ij}，则因素 b_{ij} 与因素 B_i 比较的判断 $b_{ji} = 1/b_{ij}$（i 不等于 j）

实际工作中,判断矩阵的具体评分数值来自资料或专家意见,专家意见通常采用德尔菲调查的方法获得。

(3)单一准则下相对权重的计算

首先,用两两比较矩阵来求出各方案在 $A_1, A_2, \cdots, A_k$ 这 k 个方面的权重,各方案在某一方面的权重组成的列向量称作在 A_i 这个方面的特征向量($i=1, 2, \cdots, k$);其次,先求出两两比较矩阵每一列的总和;再次,把两两比较矩阵的每一元素除以其相应列的总和,所得商所组成的新矩阵称之为标准两两比较矩阵;最后,计算标准两两矩阵的每一行的平均值,这些平均值就是各方案在 A_i 方面的权重。

权重计算方法:

常规状态下的权重采用"和法"计算,就是用 n 个列向量的算术平均作为权重向量。对于一个一致的判断矩阵,它的每一列归一化后就是相应的权重向量,对于不一致的情况,每一列归一化后近似于权重向量。计算公式如下:

$$W_i = \frac{1}{n}\sum_{j=1}^{n}\frac{b_{ij}}{\sum_{k=1}^{n}b_{kj}} \qquad i = 1,2,\cdots,n \qquad (2\text{-}1)$$

式中:b_{ij}——为判断矩阵元素;

n——为判断矩阵阶数。

其计算步骤如下:

①将 A 的元素按列归一化;

②归一化后的各列相加;

③将相加后的向量除以 n 即得权重向量。

一致性检验:

在计算单准则下排序权向量时,还必须进行一致性检验。一般地,在判断矩阵的构造中,并不要求判断具有传递性和一致性。这是客观事物的复杂性与人的认识多样性所决定的。但判断矩阵即是计算排序权向量的根据,那么对判断矩阵进行一致性检验是必要的。

首先计算一致性指标 CI

$$CI = (\lambda_{\max} - n)/(n - 1) \qquad (2\text{-}2)$$

式中:$\lambda_{\max}$——为判断矩阵的最大特征值;

n——为判断矩阵的阶数。

最大特征值的计算可以在求出各元素的 ω 之后,利用公式(2-3)求得。

$$\lambda_{\max} = \frac{1}{n}\sum_{i=1}^{n}\frac{\sum_{j=1}^{n}b_{ij}\omega_j}{\omega_i} \qquad (2\text{-}3)$$

然后查找相应的平均随机一致性指标 RI，表2-2给出了1-15阶正互反矩阵计算1 000次得到的平均随机一致性指标。

平均随机一致性指标 表2-2

矩阵阶数	1	2	3	4	5	6	7	8
RI	0.00	0.00	0.58	0.96	1.12	1.24	1.32	1.41
矩阵阶数	9	10	11	12	13	14	15	
RI	1.45	1.49	1.52	1.54	1.56	1.58	1.59	

最后计算相对一致性指标 CR

$$CR = CI/RI \qquad (2\text{-}4)$$

当 $CR<0.1$ 时，认为判断矩阵的一致性可以接受；当 $CR\geqslant 0.1$ 时，应该对判断矩阵作适当修正。

(4) 计算各层元素对系统的合成权重

上面我们得到的仅仅是一组元素对其上一层中某元素的权重向量，为了要得到各元素对于总目标的相对权重，特别是得到最底层元素中各因素对于总目标的相对权重，即所谓"合成权重"，需要进行方案选择。合成排序权重的计算要自下而上，将单一准则下的权重进行合成，并逐层进行总的判断一致性检验。

假定已经算出第 $k-1$ 层上 n_{k-1} 个元素对于总目的排序权重向量 $W^{(k-1)}$，第 k 层上 n_k 个元素对第 $k-1$ 层上所有元素为准则的排序权重向量 p^k，那么第 k 层上元素对于总目标的合成排序权重向量 $W^{(k)}$ 由下式给出。

$$W^{(k)} = (W_1^k, W_2^k, \cdots, W_{nk}^k)^T = p^k W^{(k-1)} \qquad (2\text{-}5)$$

$$W^{(k)} = \sum_{j=1}^{k-1} p_{ij}^k W_j^{(k-1)} \qquad i = 1,2,\cdots,n \qquad (2\text{-}6)$$

根据上述方法从上到下逐层进行一致性检验。第 k 层的综合指标为：

$$CI^{(k)} = (CI_1^{(k)}, CI_2^{(k)}, \cdots, CI_{n_{k-1}}^{(k)})W^{(k-1)} \qquad (2\text{-}7)$$

$$RI^{(k)} = (RI_1^{(k)}, RI_2^{(k)}, \cdots, RI_{n_{k-1}}^{(k)})W^{(k-1)} \qquad (2\text{-}8)$$

$$CR^{(k)} = \frac{CI^{(k)}}{RI^{(k)}} \qquad (2\text{-}9)$$

当 $CR^{(k)}<0.1$ 时即认为递阶层次结构在 k 层水平以上的所有判断具有整体满意的一致性。

2)模糊评价原理

在现实生活和工程领域中,存在着许多不确定的现象,这种不确定性主要表现在两个方面:一是随机性,二是模糊性。所谓模糊就是指在质上没有确切的含义,在量上没有明确的界限。模糊概念不是由于人的主观认识达不到客观实际所造成,而是事物的一种客观属性,是事物的差异之间存在着中间过渡过程的结果。模糊集合论的基本思想就是承认事物发展过程中的模糊性,认为讨论所涉及的对象从属于到不从属于某个集合是逐步过渡的,这样,就把对象绝对属于某个集合的概念变成了相对属于某个集合的概念,把判别对象是否属于某个集合变成了判别对象对某个集合的隶属程度。模糊方法即是通过对象间的比较来把握对象在量方面的变化规律,通过分析由于因素之间的相互作用而在整体上体现的模糊性,对事物进行综合的描述和处理。

综合评价是指对多种因素所影响的事物或现象进行总的评价。模糊综合评价即为以模糊集合论为理论基础,应用模糊关系合成原理,从多个因素对被评价事物隶属等级状况进行综合性评价的一种方法,它具有以下特点:

(1)评价结果是个向量,可根据隶属度的大小判断评价结果所属。由于模糊评价的对象具有中介过渡性,要客观描述被评价对象在某方面的属性,其评价结果就不应是确切的、断然的,而只能用对各等级的隶属度来表示。

(2)根据因素的多少和问题的复杂程度,模糊评价可以采用单级评价或多级评价。对于复杂问题,由于要考虑的因素很多,且各个因素不仅所在层次不同,还具有比较强烈的模糊性,这是可把众多因素按其性质分为若干类(每类包含的因素较少),先对一类中的各个因素进行模糊评价,然后再在类别之间进行综合评价,如果每类因素还可再分类,则这样的评价可以多次进行下去;若在众多因素中,一个因素由若干其他因素决定,仍可采用多级模糊综合评价方法,即先对最低层次的各个因素进行综合评价,然后逐层依次往上评,前一层的综合评价结果可作为上一层评价的输入数据,直至评到最高层次,得出总的评价结果。

2.1.2 预应力混凝土桥梁承载力模糊综合评定研究

1)主要影响因素

桥梁作为一个多种材料、不同结构组合而成的大型综合系统,系统各个成分的重要性、应力状态、易损性不一,刚度、动力特性相差甚远。因此,建议把结构材料形式相近、动力特性一致的部分划分为子结构,从各个结构的性能变化来反映整个系统的状态。子结构分得越细,损伤的诊断、定位及能力评估就越准确。

根据"子结构"的思路,我们把影响预应力混凝土桥梁综合性能的主要因素分为2部分5类。

上部结构部分包括混凝土强度、普通钢筋截面面积、预应力钢筋截面面积、构件截面尺寸以及有效预应力。下部结构在这里指墩台盖梁,分为混凝土强度、普通钢筋截面面积、构件截面尺寸,层次分析法的一个重要特点是尽可能将定性指标标准化,最大限度地减弱主观随意性的影响,这也是本书运用层次分析法解决桥梁综合性能评定问题的出发点。

根据桥梁结构的特点,将结构承载力作为目标层;桥梁各构件作为中间层,包括桥梁上部结构和下部结构,即准则层;第三层为影响桥梁承载能力的主要因素,对不同的构件,其主要影响因素存在差异,由此得到层次结构图如图 2-2:

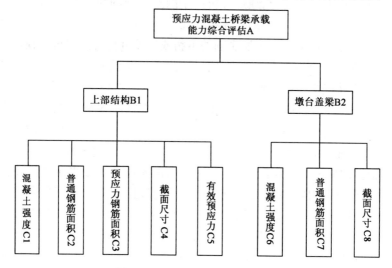

图 2-2　桥梁承载能力评判结构模型

2)各层因素权重与隶属度的确定

(1)计算各层中因素的权重

权重的确定是承载能力评定的关键问题之一,各因素(指标)的权重应尽量符合实际情况,常用德尔菲(DELPHI)法、专家评价法和层次分析(AHP)法确定权重。AHP 法具有构造简单、条理清晰的特点。由于影响桥梁承载能力状况的因素非常复杂,既有桥梁结构材料的影响,也有外界环境如超载、气候变化等的影响,从而权重的确定不可避免的带有主观成分,各因素的相对重要性是一个模糊的概念。本书采用 AHP 法确定各层权重,根据实际桥梁结构情况,各层中选择主要因素,剔除次要因素,并以多数一致性结论作为最终评估结果。

(2)隶属度的确定

对不同的因素采用不同的隶属度函数确定其隶属度,结合专家经验,分别建立构件的混凝土强度、普通钢筋截面面积、预应力钢筋截面面积、有效预应力和截面尺寸的隶属度函数。其中普通钢筋截面面积和预应力钢筋截面面积分别采用测定电阻率和电位水平的方法间接确定。

影响桥梁承载力的主要因素、隶属度函数如下:

①混凝土强度。混凝土强度的分级指标采用混凝土实测强度与设计强度之比 $R_实/R_设$,等级划分标准如图 2-3 所示。

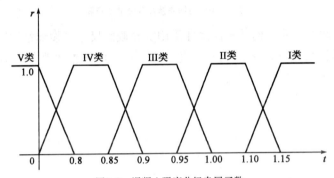

图 2-3 混凝土强度分级隶属函数

②普通钢筋截面面积。普通钢筋截面面积采用设计钢筋面积减去钢筋锈蚀量后与设计钢筋面积之比 $(S_设 - S_锈)/S_设$,钢筋锈蚀程度用钢筋电阻率方法间接确定,等级划分标准如图 2-4 所示。

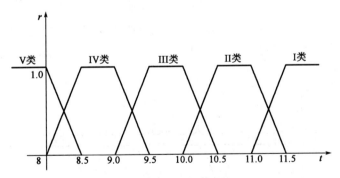

图 2-4 钢筋锈蚀分级隶属函数

③预应力钢筋面积。预应力钢筋截面面积采用设计钢筋面积减去钢筋锈蚀量后与设计钢筋面积之比 $(S_设 - S_锈)/S_设$。预应力钢筋锈蚀程度用电位水平的方法间接确定,等级划分标准如图 2-5 所示。

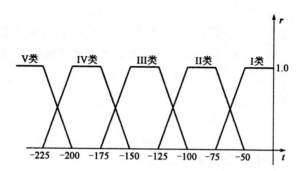

图 2-5 预应力钢筋锈蚀分级隶属函数

④构件截面尺寸。构件截面尺寸采用实测截面尺寸与裂缝情况折减后的截面尺寸实际值与设计值之比 $l_{实}/l_{设}$ 表示，其中 $l_{实}$ 可根据表观损伤检测情况确定，等级划分标准如图 2-6 所示。

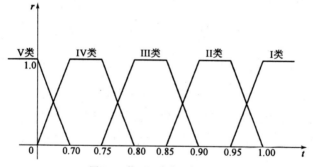

图 2-6 截面尺寸分级隶属函数

⑤有效预应力。预应力筋有效预应力的分级指标用预应力筋有效预应力的设计值和实测值差的绝对值与设计值之比 $|\sigma_{设}-\sigma_{实}|/\sigma_{设}$ 表示，等级划分标准如图 2-7 所示：

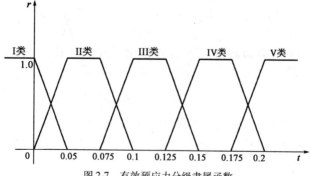

图 2-7 有效预应力分级隶属函数

3) 模糊综合评判等级划分

结合桥梁承载能力衰减规律和对应采用的维修加固工作将桥梁承载能力等级按照满足目前使用要求的程度划分为五级,即"一类"、"二类"、"三类"、"四类"、"五类"。即评价等级为 $V=\{V_1,V_2,V_3,V_4,V_5\}$,由于这一模糊子集的确定,可以得到每个模糊评估向量,被评估因素对应各评估等级中的隶属度信息通过该模糊向量表示出来,实现评估的模糊性。具体的承载能力等级划分见表 2-3。

承载能力等级表　　　　表 2-3

评定等级	一类	二类	三类	四类	五类
承载力状态	承载能力没有比设计降低	承载能力比设计降低 5%以内	承载能力比设计降低 5%~10%	承载能力比设计降低 10%~25%	承载能力比设计降低 25%以上
处理对策	日常保养	小修	中修	特殊检查后大修、加固或更换	特殊检查后确定处治对策

4) 桥梁承载能力综合评定

对桥梁技术状况综合评定采用的是加权评估的方法,综合考虑桥梁上部结构和墩台盖梁的评定结果,对构件技术状态采取加权评估法得到特征值 D:

$$D = \sum W_i \cdot R_j \qquad (2\text{-}10)$$

式中:W_i——某一项检测指标的权重值,$\sum_{j=1}^{3} W_i = 1$;

R_j——结构或构件某项检测指标的隶属度。

"·"为模糊合成算子。这种模型不存在任何限制,能保留全部有效信息,可用于需要全面考虑各个因素评价结果的情况,因此在评价预应力混凝土桥梁承载力时,此种评判模型是非常实用的。

结构对应关系具体见表 2-3,每一级的具体对应情况描述如下:

一类:桥梁只存在轻微缺损,其程度对桥梁承载能力不产生任何的影响,完全满足目前使用要求。

二类:桥梁存在的缺损状况对桥梁承载能力几乎不会产生任何影响,承载能力能够满足当前的使用要求,不需要特别进行维修加固工作。

三类:桥梁出现了少量影响到承载能力和威胁桥梁正常使用的缺陷和破损,应考虑采用适当的措施控制这种缺陷和破损的开展。

四类:桥梁已出现严重威胁桥梁正常使用的结构性缺损,承载能力因此降低,需要考虑采取维修加固措施。

五类:桥梁存在的严重缺陷已经不能保证桥梁正常使用,承载能力急剧降低,桥梁已经不适宜继续使用,应考虑规模较大的加固措施或重建,否则应立即中断交通。

2.1.3 评估实例

1)桥梁概况

积余庆大桥位于河北出海路段,桥梁中心桩号为 K32+498,该桥于 1999 年 10 月份竣工通车,桥梁全长 325.06m,为先张法预应力空心板桥,下部结构采用双柱式墩,双柱框架式桥台,钻孔灌注桩基础。桥面宽 12m,标准跨径为 16m,共 20 孔,为先简支后连续体系。

2)检测分析结果

2007 年 12 月对此桥进行了全面检测,病害情况及分析结果如下:

(1)混凝土裂缝:第 2 孔左 5 板纵缝长 10m,缝宽 0.5mm;第 3 孔左 4 板纵缝长 6m,最大缝宽 0.5mm;第 4 孔左 3 板纵缝长 12m,最大缝宽 0.5mm;第 5 孔左 4 板纵缝长 14m,最大缝宽 1.5mm,第 5 孔左 5 板纵缝长 15m,最大缝宽 1mm;第 6 孔左 4 板纵缝长 6m,最大缝宽 0.8mm,左 5 板纵缝长 6m,最大缝宽 0.5mm;第 8 孔左 4~5 板纵缝长 13m,最大缝宽 0.4mm;第 9 孔左 4、左 5~6 板通纵缝,最大缝宽 0.5mm;第 10 左 4 板不规则裂缝,最大缝宽 0.2mm,左 5 板纵缝长 6m,最大缝宽 0.3mm;第 11 孔左 3~6 板纵缝长 8m,最大纵宽 1mm,左 5、左 6 板纵缝长 14m,最大缝宽 0.5mm;第 13 孔左 6 板不规则裂缝,最大缝宽 0.2mm;第 14 孔左 4、5、7 板不规则裂缝,最大缝宽 0.1mm;第 15 孔左 7 板不规则裂缝,最大缝宽 0.1mm,左 4 板纵缝长 5m,最大缝宽 0.3mm;第 17 孔左 6 板不规则裂缝,最大缝宽 0.1mm;第 19 孔左 4 板纵缝长 10m,最大缝宽 1.5mm。全桥共 20 孔,板梁均出现横缝,最大缝宽 0.2mm。

表观损伤:桥面铺装层有明显的裂缝、车辙等病害现象,经检查计算得累积损伤面积约占桥面铺装总面积的 8%;两侧护栏仅有几处细微裂缝;桥梁两端伸缩缝局部破损共有 12 处,损坏面积约占伸缩缝总长度的 5%;全桥两侧泄水孔全部正常工作。全桥有 19 个盖梁,均未发现露筋及裂缝情况,通过检查,在 7 号墩及 9 号墩右柱出现露筋现象,其余墩柱状况基本良好。经综合分析得上部结构截面尺寸的评估结果为{0,0.85,0.15,0,0},下部结构评估结果为{0,0.5,0.5,0,0}。

(2)混凝土强度:采用超声-回弹法测定出混凝土强度推定值上部结构为

38.5MPa,下部结构为28.7MPa,故上部结构混凝土强度评估结果为{0,1,0,0,0},下部结构评估结果为{0,1,0,0,0}。

(3)钢筋面积:通过检测确定空心板内钢筋已产生锈蚀,综合推断空心板内钢筋锈蚀率达到90%以上,桥梁墩台受损较轻微,经检测推断出其钢筋锈蚀率在20%以下。经分析,空心板内普通钢筋锈蚀评估结果为{0,0.25,0.75,0,0},墩台盖梁内评估结果为{0,0.9,0.1,0,0}。由于桥梁施工质量较好,预应力管道内灌浆密实,套管保护完好,且端头锚固端未有裂缝等病害,经钢筋电位检测显示电位水平均小于 – 50mV,故预应力筋锈蚀评估结果为{1,0,0,0,0}

(4)经预应力检测测得空心板内预应力钢筋的平均衰减率为8.85%,从而得到有效预应力的评估结果为{0,0.46,0.54,0,0}。

3)层次分析法确定权重

通过分析各构件(因素)影响桥梁结构承载能力的相对重要程度,得上部结构的判断矩阵见表2-4,下部结构的判断矩阵见表2-5。

判断矩阵 $B_1 - C$　　　　表2-4

B_1	C_1	C_2	C_3	C_4	C_5	w_i
C_1	1	3	1	5	1/4	0.192
C_2	1/3	1	1/3	1	1/5	0.069
C_3	1	3	1	5	1/3	0.200
C_4	1/5	1	1/5	1	1/7	0.054
C_5	4	5	3	7	1	0.485

判断矩阵 $B_2 - C$　　　　表2-5

B_3	C_7	C_8	C_9	w_i
C_7	1	1	3	0.428 5
C_8	1	1	3	0.428 5
C_9	1/3	1/3	1	0.143

进行一致性检验:利用上述计算方法可以分别得到上部结构和下部结构的最大特征值及权重向量。经计算得:

上部结构:$\boldsymbol{W}^T = (0.192,0.069,0.200,0.054,0.485)$,$\lambda_{max} = 5.00$,则 $CI = 0$,查表得 $RI = 1.12$,故 $CR = 0 < 0.1$,满足一致性要求。

下部结构:$\boldsymbol{W}^T = (0.428\ 5,0.428\ 5,0.143)$,$\lambda_{max} = 3.00$,则 $CI = 0$,查表得 $RI = 0.52$,故 $CR = 0 < 0.1$,满足一致性要求。

4)各因素模糊关系矩阵

根据前面对各构件的评价结果,得到各单因素的模糊评价矩阵如下:

(1)上部结构

$$R_1 = \begin{bmatrix} 0 & 1 & 0 & 0 & 0 \\ 0 & 0.25 & 0.75 & 0 & 0 \\ 1 & 0 & 0 & 0 & 0 \\ 0 & 0.85 & 0.15 & 0 & 0 \\ 0 & 0.46 & 0.54 & 0 & 0 \end{bmatrix}$$

(2)下部结构

$$R_2 = \begin{bmatrix} 0 & 1 & 0 & 0 & 0 \\ 0 & 0.90 & 0.10 & 0 & 0 \\ 0 & 0.50 & 0.50 & 0 & 0 \end{bmatrix}$$

5)一级综合评估

根据前面的评价结果,由 $D_i = W_i^T \times R_i$ 得

$$D_1 = W_1^T \times R_1$$

$$= (0.192, 0.069, 0.200, 0.054, 0.485) \times \begin{bmatrix} 0 & 1 & 0 & 0 & 0 \\ 0 & 0.25 & 0.75 & 0 & 0 \\ 1 & 0 & 0 & 0 & 0 \\ 0 & 0.85 & 0.15 & 0 & 0 \\ 0 & 0.46 & 0.54 & 0 & 0 \end{bmatrix}$$

$$= (0.2, 0.478, 0.322, 0, 0)$$

同理,计算出下部结构为

$$D_2 = W_2^T \times R_2 = (0.4285, 0.4285, 0.143) \times \begin{bmatrix} 0 & 1 & 0 & 0 & 0 \\ 0 & 0.90 & 0.10 & 0 & 0 \\ 0 & 0.50 & 0.50 & 0 & 0 \end{bmatrix}$$

$$= (0, 0.886, 0.114, 0, 0)$$

6)桥梁综合性能

采用上述步骤确定上部结构和下部结构的权重和模糊关系矩阵,进行桥梁承载能力综合评价。经计算得权重向量为 $A = \{$上部结构,下部结构$\} = \{0.5, 0.5\}$。则

$$A = W^T \times B = (0.5, 0.5) \times \begin{bmatrix} 0.2 & 0.478 & 0.322 & 0 & 0 \\ 0 & 0.886 & 0.114 & 0 & 0 \end{bmatrix}$$

= {0.1,0.682,0.218,0,0}

由上述评价结果可知,隶属度最大的是 0.682,表明该桥承载力足够,评定等级为二级,属于二类桥梁。

2.2 基于动态可靠度的预应力混凝土桥梁寿命预测研究

桥梁在长期使用过程中,在自然环境及使用环境等的作用下,将发生材料老化、结构损伤,这种累积损伤必然造成结构性能的退化,桥梁结构的抗力也将随服役期的增长而衰减(均值随时间递减、方差随时间增大);另外,由于环境荷载的随机性很大,在结构设计时取设计基准期内荷载的最大值,而对在役桥梁结构进行可靠性分析时,应考虑在役桥梁的后续使用期,它是根据构筑物的技术状况及所处环境等综合确定的,因此在役结构荷载的取值和设计阶段是有差别的。在役桥梁结构抗力与荷载是随时间变化的,可见在役桥梁结构是一个动态可靠度问题。同时由于桥梁结构失效概率是结构服役年失效概率的并集,结构可靠性的控制也就应该考虑时间因素。因此,研究桥梁结构的动态可靠度分析方法是在役桥梁结构可靠性评估的重要问题,也是基于可靠性的承载力寿命预测及剩余寿命预测迫切需要解决的问题。

2.2.1 在役桥梁构件动态可靠性原理综述

1)在役桥梁结构可靠性的特点

与桥梁设计的可靠性相比,在役桥梁结构的可靠性具有以下特点:

(1)规定条件不同。可靠性原来定义中的规定条件为正常设计、正常施工、正常使用、正常维护,但对在役桥梁来说,设计、施工已经成为历史,正常设计、正常施工已经不存在,而设计时要求的正常使用,在桥梁使用过程中将可能发生变化。

(2)规定时间不同。可靠性设计中的规定时间是结构的"设计基准期"是固定不变的。对在役结构来说,人们主要关心结构在后续使用时间的可靠性,因此,其规定时间为结构的后续使用期,而后续使用期则主要取决于结构的使用者和结构当前的技术状况,它可以是变化的。

(3)预定功能不同。结构的预定功能具体以结构的极限状态表示,一般来说,在役桥梁结构的预定结构功能具体以桥梁的极限状态表示,在役桥梁结构的预定功能与结构设计时相同。但当结构的使用目的或工作条件有较大改变时,它们也有可能发生变化。例如:计划对结构进行大修时,则可放宽对结构适用性的要求;当环境湿度由于结构用途的改变而增大时,人们对结构构件最大裂缝宽度的容许值就会提出严格的要求。

(4)荷载与抗力的变化。根据在役结桥梁结构的特点,在役桥梁的荷载在很多方面与设计时不同,由环境等因素引起的结构耐久性能退化与抗力衰减,将是在役桥梁可靠性的基本特征。

2)动态可靠性的定义与数学模型

(1)定义

在役桥梁结构的可靠性,为已建成结构在既定的工作条件下,在正常使用、正常维护条件下,在要求的服役基准期内,考虑环境等因素影响时能够完成预定功能的能力。其度量测度为结构的动态可靠度,即

$$\psi(t_1, T_s) = P(\Omega_1) \tag{2-11}$$

式中:t_1——桥梁结构已正常使用的时间;

T_s——希望桥梁结构再继续使用的时间,即结构的服役基准期;

Ω_1——该桥梁在未来T_s年中,在预期的工作条件下能继续正常工作的随机事件。

这个可靠度是时间t_1和时间段T_s的函数,故称为桥梁结构服役过程中的动态可靠度。

结构抗力和荷载效应随时间的变化过程如图2-8所示。

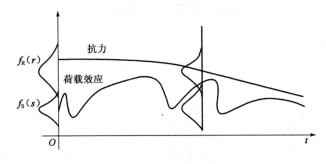

图2-8 结构抗力和荷载效应随时间的变化过程

(2)数学模型

以概率为基础的结构可靠度理论最突出的特点是承认和揭示了结构属性中存在着不确定性,把影响结构可靠性的各种因素(各种作用效应、材料性能、结构几何参数、计算模式准确程度等)当作随机变量;使它们恢复了固有的自然特性,并通过数据得到这种客观变异性。这种方法采用可靠度计算的方法,即通过实测和统计,用可靠性数学理论,计算出结构可靠度指标失效概率P_f,或可靠指标β来衡量结构的安全水平。

工程中常用的可靠性动态模型可以表示为:
$$Z(t) = R(t) - S(t) \tag{2-12}$$
式中: t——结构使用时间;

$R(t)$、$S(t)$——均为结构的抗力与作用效应随机过程;

$Z(t)$——极限状态随机变量和随机过程。当 $Z(t) = R(t) - S(t) > 0$ 时,表明结构处于可靠状态;当 $Z(t) = R(t) - S(t) < 0$ 时,表明结构已失效或破坏;当 $Z(t) = R(t) - S(t) = 0$ 时,表明结构处于极限状态。

结构的极限状态用极限状态方程加以描述,不同的设计问题,功能函数及相应的极限状态方程的形式和内容均不相同。功能函数中若考虑了结构的作用具有时间变异,将作用效应处理为随机过程,将结构的抗力仍视为随机变量,这一模型基本上也属于可靠性的"静态模型",这是我国《建筑结构可靠度实际统一标准》(GB 50068—2001)中所采用的可靠性模型。"半随机过程模型"的另外一种形式是将抗力处理为随机过程,而将作用效应处理为随机变量。极限状态是区分结构工作状态为可靠与失效的标志,对于结构的各种极限状态,均应明确规定其标志及限值。一般情况下,结构的极限状态可分为承载能力极限状态、正常使用极限状态和"破坏-安全"极限状态。

可靠性分析的静态模型适用于结构的抗力在使用过程中不随时间变化或变化不大的情况,即可以将抗力视为随机变量。然而,对在役桥梁来说,由于环境等因素的影响,结构的耐久性能下降、抗力衰减不能忽视,结构的抗力将是使用时间的函数,因此,必须用随机过程模拟在役桥梁结构的抗力。这就成为可靠性的"全随机过程模型",它是结构可靠性的动态模型。

3) 在役桥梁结构的失效准则

与结构的极限状态相对应,其失效准则为:

(1) 与承载能力极限状态相对应的失效准则

假定一个结构的失效准则同时由基本变量 X 的一个函数 $f(x)$ 来控制,则

$$f(X) \begin{cases} > 0, 安全状态 \\ = 0, 极限状态 \\ < 0, 失效状态 \end{cases}$$

对于两个基本变量 X_1、X_2 的情形,上述关系见图 2-9。

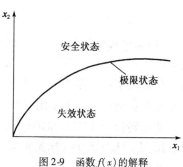

图 2-9 函数 $f(x)$ 的解释

如果一个构件不止一个失效机制或不止一个构件需要同时进行研究,则$f(X)$可考虑为若干函数的组合。图2-10表示了两个函数的情况。

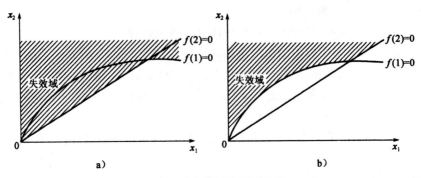

图2-10 两种极端情况下的失效域

(2) 与正常使用极限状态相对应的失效准则

对于正常使用极限状态,从安全状态到失效状态的过渡是含糊和不清晰的,这种过渡的过程包含着适用性的缓慢降低。因此,适用度$\mu(0 \leqslant \mu \leqslant 1)$在原则上可作为某些适用性参数$\lambda$的函数而定义和引入,如梁的挠度或楼盖的振动等。假定λ有两个限值:λ_1表示结构完全适用;λ_2表示结构完全不适用,如图2-11所示。

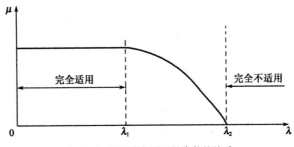

图2-11 适用度与适用性参数的关系

4) 可靠指标计算方法

目前,可靠度指标的计算方法有很多种,现仅简要介绍比较常用的JC法。在实际工程中并不是所有变量都是正态分布的,为了解决这些问题,拉克维茨和菲斯勒提出了一种适合非正态分布的求解可靠指标的方法,该法已被国际安全度联合委员会(Jcss)所采用,故称JC法。该法提供了通过当量正态化方法把非正态变量转换成正态变量的近似方法。

JC法的基本原理:首先将随机变量原来的非正态分布"当量"化为正态分布,"当量正态化的条件"是:

(1)在设计验算点X_i^*处,当量正态变量X_i^*(其平均值为$m_{x_i^*}$,标准差为$\sigma_{x_i^*}$)的分布函数值$F_{X_i^*}(x_i^*)$与原非正态变量(其平均值为m_{x_i},标准差为σ_{x_i})的分布函数值$F_{X_i}(x_i^*)$相等。

(2)在设计验算点X_i^*处,当量正态变量概率密度函数值与$f_{x_i^*}(x_i^*)$与原非正态变量概率密度值$f_{x_i}(x_i^*)$相等(参见图2-12)。

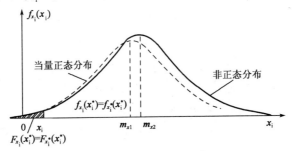

图2-12 当量正态化条件示意图

由条件一:

$$F_{X_i^*}(x_i^*) = F_{X_i}(x_i^*) \tag{2-13}$$

或

$$\Phi\left(\frac{x_i^* - \mu'_{x_i}}{\sigma'_{x_i}}\right) = F_{X_i}(x_i^*) \tag{2-14}$$

于是,可得当量正态分布的平均值μ'_{x_i}为

$$\mu'_{x_i} = x_i^* - \Phi^{-1}[F_{X_i}(x_i^*)]\sigma'_{x_i} \tag{2-15}$$

由条件二:

$$f_{x_i^*}(x_i^*) = f_{x_i}(x_i^*) \tag{2-16}$$

或者

$$\varphi\left(\frac{x_i^* - \mu'_{x_i}}{\sigma'_{x_i}}\right)/\sigma'_{x_i} = f_{x_i}(x_i^*) \tag{2-17}$$

$$\frac{\varphi\{\Phi^{-1}[F_{x_i}(x_i^*)]\}}{\sigma'_{x_i}} = f_{x_i}(x_i^*) \tag{2-18}$$

$$\sigma'_{x_i} = \frac{\varphi\{\Phi^{-1}[F_{x_i}(x_i^*)]\}}{f_{x_i}(x_i^*)} \tag{2-19}$$

式中:$\Phi(x)$——标准正态分布函数;

$\Phi^{-1}(x)$——标准正态分布函数的反函数;

$\varphi(x)$——标准正态分布的概率密度函数。

然后根据这两个条件求得当量正态分布的平均值 $m_{x_i^*}$ 和标准差 $\sigma_{x_i^*}$。

根据上述基本原理，JC 法的数学模型表达式为：

$$Z = g(X_1, X_2, \cdots, X_n) = 0 \tag{2-20}$$

当设计验算点为 $P^*(X_1^*, X_2^*, \cdots, X_n^*)$ 点时，就可将功能函数用 Taylor 公式在 P^* 点上展开，近似地取一阶项，得到的极限状态方程为

$$z' = g(X_1^*, X_2^*, \cdots, X_n^*) + \sum_{i=1}^{n} \frac{\partial g}{\partial x_i}\bigg|_{\mu_z} (X_i - X_i^*) = 0 \tag{2-21}$$

Z 平均值

$$\mu_z = g(X_1^*, X_2^*, \cdots, X_n^*) + \sum_{i=1}^{n} \frac{\partial g}{\partial x_i}\bigg|_{\mu_z} (\mu_i - X_i^*) \tag{2-22}$$

由于设计验算点就在失效边界上，则

$$g(X_1^*, X_2^*, \cdots, X_n^*) = 0 \tag{2-23}$$

因此上式可写为

$$\mu_z = \sum_{i=1}^{n} \frac{\partial g}{\partial x_i}\bigg|_{P^*} (\mu_i - X_i^*) \tag{2-24}$$

由于基本变量相互独立，可得 Z 的标准差为

$$\sigma_z = \left[\left(\frac{\partial g}{\partial x_i}\bigg|_{P^*} \sigma_{x_i} \right)^2 \right]^{1/2} \tag{2-25}$$

则可靠指标 β 为

$$\beta = \frac{\mu_z}{\sigma_z} = \frac{\sum_{i=1}^{n} \frac{\partial g}{\partial x_i}\bigg|_{P^*} (\mu_{x_i} - X_i^*)}{\left[\sum_{i=1}^{n} \left(\frac{\partial g}{\partial x_i}\bigg|_{P^*} \sigma_{x_i} \right)^2 \right]^{1/2}} \tag{2-26}$$

上式为 JC 法求解可靠指标 β 值的一般式，但是在式中设计验算点的 X_i^* 值也是待求值，所以一般是采用迭代法计算 β 值的。

2.2.2 在役预应力混凝土桥梁参数衰减模型的确定

1）影响结构抗力变化的因素

在老化阶段，结构抗力随时间的变化是一个非常复杂的不可逆过程（经维修、加固的除外）。影响结构抗力的因素大致分为三个方面，即荷载作用、环境作用和结构材料内部因素的作用。图 2-13 示出了这些因素与结构安全性、使用性能和外观的关系。

（1）荷载作用的影响

荷载是对结构的安全和使用性能有直接影响的一种最重要的作用。荷载对结构的作用方式有两种：一种是直接影响结构的安全,在结构设计使用期内,任一时点的荷载效应大于结构抗力都会使结构失效；另一种是荷载对结构的累积损伤作用,累积损伤作用的后果是使结构抗力降低,从而降低结构的可靠度。

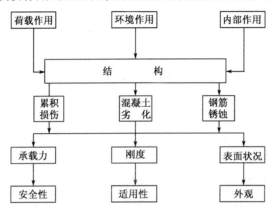

图 2-13　影响结构抗力及外观的各种因素

荷载对结构的累积损伤作用又可分为两种：即静态累积损伤作用和动态累积损伤作用。静态累积损伤作用是指在静态荷载作用下结构损伤随时间的累积。已有研究表明,在持续不变拉伸荷载的作用下,混凝土的强度会降低,荷载作用时间越长,强度降低越多。另外,在持续不变荷载的作用下,结构构件的蠕变也是累积损伤的结果。结构的静态累积损伤可以用损伤力学、蠕变力学等加以研究。动态累积损伤是指在动态荷载(反复荷载、重复荷载)作用下结构随时间或荷载作用次数的累积损伤。在动态荷载作用下,结构的疲劳就是一种典型的动态累积损伤,寒冷地区混凝土的冻融循环破坏也可看成是动态累积损伤的结果,只不过这时的荷载作用(冰的膨胀压力)是由环境温度变化产生的。

(2) 环境作用的影响

环境作用对结构性能的影响是结构耐久性研究的主要内容,一般情况下,环境腐蚀介质对结构的劣化作用是一个渐变过程,这种渐变过程使得结构的截口可靠度随时间降低。目前我国有关的混凝土结构设计规范及施工规范对混凝土结构的耐久性有所考虑,主要是从混凝土的配合比设计、水泥品种的选择、施工和使用维护方面加以解决。

环境对结构的影响可分为两类：一类为自然环境的影响,另一类为使用环境的影响。

① 自然环境的影响

自然环境的影响是指自然环境中的腐蚀介质对结构的侵蚀作用,除自然界本身存在的腐蚀介质的影响外,还包括现代工业发展引起的环境污染对结构产生的不利影响或使腐蚀过程的加剧,如"酸雨"的形成、大气温度的提高及二氧化碳含量的增加等。自然环境中的腐蚀介质对结构的作用主要包括下面几个方面:

a. 混凝土碳化。混凝土碳化是空气、土壤或地下水中的二氧化碳渗入到混凝土内部,与水泥石中的碱性物质发生反应的过程。由于混凝土碱性降低,使已经形成的钢筋表面钝化膜遭到破坏,在有氧和水存在时,钢筋被腐蚀。钢筋锈蚀减小了钢筋的截面面积,同时也会影响钢筋与混凝土的黏结力,从而使结构构件的抗力降低。混凝土的碳化深度取决于自然环境中二氧化碳的含量、温度、湿度、混凝土的渗透性、施工养护等条件。因此,提高混凝土的抗渗透性、增大混凝土保护层厚度及加强施工养护是降低混凝土结构碳化速度的有效途径。混凝土碳化引起的钢筋锈蚀一般认为是均匀腐蚀过程。

b. 氯离子侵蚀。在海岸和近海环境中,由于海水中或潮湿的空气中含有大量的氯离子,当这些氯离子通过混凝土的毛细孔隙进入混凝土内部时,也会破坏钢筋的钝化膜,使钢筋失去保护而发生锈蚀。由于氧与水是钢筋锈蚀的先决条件,因此,海洋环境中浪溅区和潮汐区混凝土结构中钢筋的腐蚀最为严重。如果混凝土抗渗透性不高及保护层厚度较小,结构往往使用时间不长钢筋就会发生严重锈蚀,锈蚀产物的膨胀使混凝土产生顺筋开裂,保护层大面积剥落,从而进一步加速了钢筋的锈蚀,结构承载力大幅度降低。

c. 冻融循环。混凝土是由水泥砂浆和粗骨料组成的多孔体,拌制混凝土时多余的自由水滞留于这些连通的毛细孔中。在寒冷地区,当温度降至0℃以下时,自由水结冰膨胀使混凝土内部结构遭到一定程度的损伤。随着气温的交替变化,混凝土内部的自由水也在不断地结冰和融化,这一过程使混凝土内部的损伤逐渐积累,当损伤积累到一定程度时混凝土发生破坏。

以上为较为常见的自然环境对结构性能的不利作用。除此以外,还有其他的不利作用,如高速水流作用下的气蚀、冲刷,公路桥面的磨损等。

②使用环境的影响

使用环境的影响是指人类生活环境和工业生产环境对结构产生的不利作用,这些不利作用往往是由于人为因素引起的。使用环境对结构的不利影响以化学介质对结构的腐蚀最为普遍,如冬季在混凝土桥上洒化雪盐是对桥梁结构的一种人为损害。除使用环境中的化学侵蚀介质对结构的危害外,使用环境的物理作用也会对结构的性能造成危害。

③材料内部作用的影响

在自然环境中,结构的材料随着时间的增长会逐渐老化,老化的结果是使材料的性能下降,强度降低。除此之外,结构中的一些活性材料也会与其他组成材料发生缓慢的化学反应,这种反应不仅使材料的化学成分发生了变化,而且生成物所产生的膨胀压力会导致结构发生破坏。混凝土的碱-骨料反应就是这种内部作用之一。消除或减轻碱-骨料反应的措施是使用低碱水泥、限制混凝土含碱性、使用非活性骨料及改善施工使用条件。

2) 抗力的时变衰减模型

影响桥梁抗力的因素众多,很难定量地描述,结构抗力随时间的变化是一个非常复杂的随机过程。结构抗力随时间的变化是非平稳随机过程,其衰减规律非常复杂。为了计算简便和实用,将抗力 $R(t)$ 表示为:

$$R(t) = r(t)R_0 \tag{2-27}$$

式中:$r(t)$——为一确定性函数,称为抗力衰减系数;

R_0——为结构的初始抗力,是一个随机变量。

由上式可知,t 时刻的抗力的随机性依赖初始抗力 R_0 的随机性,概率分布类型保持不变,其平均值和变异系数分别为:

$$\begin{cases} \mu_{R(t)} = \mu_{R_0} r(t) \\ \delta_{R(t)} = \delta_{R_0} \end{cases} \tag{2-28}$$

抗力衰减系数 $r(t)$ 与结构材料、结构类型、受力特点、使用条件以及环境等因素有关,实际上也是一个随机过程,将其视为确定性函数是一种近似处理方法。$r(t)$ 可采用不同的函数类型,其中的各参数可根据结构的实际情况、实测统计资料及工程经验等综合分析确定。

2.2.3 影响抗力的参数时变衰减模型

1) 混凝土强度时变模型

混凝土强度是确定混凝土结构构件抗力的基本参数,其经时变化规律是建立服役结构抗力衰减模型的基础。一般来说,混凝土强度在初期随时间增大,但增长速度逐渐缓慢,在后期则随时间下降。牛荻涛等在总结国内外暴露试验和实测的基础上,分析了一般大气环境下混凝土强度的历时变化规律,用非平稳正态随机过程描述服役结构的混凝土强度,利用统计回归方法建立混凝土强度平均值和标准差的历时变化模型,后又经修正得到以下模型。

任意时点的混凝土强度平均值 μ_f 及标准差 σ_f 为:

$$\begin{cases} \mu_f = \eta(t)\mu_0 \\ \sigma_f = \xi(t)\sigma_0 \end{cases} \qquad (2-29)$$

式中：$\eta(t)$、$\xi(t)$——随时间变化的函数；

μ_0、σ_0——为混凝土 28 天强度平均值及标准差。

$$\begin{cases} \eta(t) = 1.3988e^{[-0.0195(\ln t - 1.7322)^2]} \\ \xi(t) = 0.318t + 0.9881 \end{cases} \qquad (2-30)$$

对于预应力混凝土桥梁，鉴于桥梁结构尺寸的变异性很小，不考虑几何参数不定性的影响，利用有限元软件模拟计算不同时期的抗力，进行回归分析，得到混凝土和非预应力钢筋的衰减公式。

混凝土强度：
$$\mu(t) = 45.321e^{[-0.0195(\ln t - 1.7322)^2]}\mu_0 \qquad (2-31)$$

$$\delta_{el}(t) = 1.2192 \times 10^{-4}t - 0.0105 \qquad (2-32)$$

式中：t——为桥梁结构的服役年数。

钢筋锈蚀对桥梁结构安全性的影响主要有两个方面：一是锈蚀引起的钢筋截面减小和强度下降；二是因为锈蚀引起的体积增大、顺筋裂缝、保护层剥落而导致钢筋与混凝土之间的黏结力下降。

2）钢筋锈蚀模型

(1)非预应力钢筋锈蚀原理

钢筋锈蚀的前提是钢筋表面的钝化膜被破坏，而一般大气环境下使钢筋钝化膜破坏的主要原因是混凝土保护层碳化。所以有文献定义混凝土中钢筋开始锈蚀的时间为碳化深度到达钢筋表面所需时间，然而大量的试验研究表明并非如此，实际上，钢筋锈蚀的 pH 值范围为 9～11.5，只不过锈蚀速度是随 pH 值的降低而增大，亦即钢筋在混凝土中的部分碳化区已经开始锈蚀。

钢筋在锈蚀过程中，不仅受力截面积有所减小，而且其力学性能也将发生改变，并表现为钢筋的主应力应变曲线屈服平台缩短，伸长率降低，屈强比增大。钢筋塑性、伸长率均随着锈蚀量的增大而降低。另外，钢筋锈蚀的直接后果是锈蚀物导致钢筋和混凝土之间的协同工作性能下降，对结构抗力产生较大影响。

(2)钢筋锈蚀模型

①非预应力钢筋强度时变模型

由于在混凝土中钢筋的锈蚀具有很大的不均匀性和离散性，很少出现均匀锈蚀的情况，而且随着锈蚀的发展钢筋表面坑蚀加剧使得各个截面受力性能的差异也变大，为了在结构计算中体现钢筋锈蚀的总体受力性能改变的情况，根据普通钢筋在预应力混凝土中的作用，当截面锈蚀率在 60% 以内时，钢筋锈蚀后名义屈服强度的标准值f_{sk}可用如下公式表示：

$$f_{sk} = (0.985 - 1.028\eta_s)f_{yk} \quad (2\text{-}33)$$

式中：f_{yk}——为规范规定的钢筋锈蚀前强度标准值；

η_s——钢筋截面锈蚀率。

②非预应力钢筋锈蚀计算模型

钢筋锈蚀后的产物为原体积的3~4倍,使钢筋周围混凝土受到膨胀压力,造成混凝土保护层沿钢筋开裂,这是预应力混凝土桥梁不允许的,故以保护层锈胀开裂时间为界限,建立钢筋锈蚀量预测模型。

$$\eta_s \approx \frac{4\delta_{el}(t)}{d} \quad (2\text{-}34)$$

$$\delta_{el}(t) = \lambda_{el}(t - t_c) \quad (2\text{-}35)$$

$$\lambda_{el} = 46 k_{cr} k_{ce} e^{0.04T}(RH - 0.45)^{2/3} c^{-1.36} f_{cu}^{-1.83} \quad (2\text{-}36)$$

$$t_c = \left(\frac{c - x_0}{k}\right)^2 \quad (2\text{-}37)$$

$$x_0 = 4.86(-RH^2 + 1.5RH - 0.45)(c - 5)(\ln f_{cuk} - 2.3) \quad (2\text{-}38)$$

式中：$\delta_{el}(t)$——为锈胀开裂前的钢筋锈蚀深度(mm)；

d——为钢筋直径(mm)；

t——结构使用年限(a)；

t_c——钢筋开始锈蚀的时间(a)；

λ_{el}——锈胀开裂前的钢筋锈蚀速度(mm/a)；

k_{cr}——钢筋位置修正系数,角部钢筋取1.6,中部钢筋取1.0；

k_{ce}——小环境条件修正系数,建议：潮湿地区取3.0~4.0,干燥地区取2.5~3.5；

T——为环境温度(℃)；

RH——为环境湿度(%)；

c——混凝土保护层厚度(mm)；

f_{cu}——混凝土立方体抗压强度(MPa)；

k——混凝土碳化速度系数；

x_0——为碳化残量(mm)；

f_{cuk}——混凝土立方体抗压强度标准值(MPa)。

③非预应力钢筋锈蚀引起的黏结力的变化

钢筋锈蚀不可避免地会影响其与混凝土之间的黏结能力,因此,对于锈蚀钢筋混凝土构件须考虑两种材料的协调工作。对于损伤严重的构件需要计入由于钢筋锈损而引起的两者之间共同工作能力下降而导致抗力的降低。该协同工作系数可按下式计算：

$$k_s = 1 - 0.3 \frac{w}{\pi d} \tag{2-39}$$

式中：w——混凝土表面锈胀裂缝宽度(mm)；

d——钢筋直径(mm)。

一般来讲，构件的受压区可以不考虑锈蚀钢筋与混凝土协同工作的影响，而在受拉区必须考虑。

(3)预应力筋有效预应力时变分析

目前，预应力混凝土桥梁出现裂缝及下挠病害已引起人们的广泛关注，关于此方面的科学研究正在积极深入地开展。目前研究成果一致认为主梁持续下挠的主要原因：一是在设计上对混凝土徐变的影响程度及长期性估计不足；二是混凝土收缩徐变引起的预应力损失和预应力钢筋松弛引起的损失随着时间的增加而逐渐增大，并且两者相互影响。一方面混凝土收缩、徐变使结构尺寸缩短，加剧了预应力松弛损失；另一方面，预应力松弛改变了结构的内力状态从而影响混凝土收缩、徐变。

混凝土结构在自然环境、使用环境以及材料内部因素的作用下，结构性能逐渐下降，出现损伤甚至破坏，这是一个必然过程。对于预应力混凝土桥梁，这种现象主要表现为：预应力钢筋的锈蚀、有效预应力的降低、锈蚀预应力筋及普通钢筋力学性能的退化、锈蚀预应力筋及普通钢筋与混凝土粘结强度的退化以及结构裂缝的出现与发展等方面。预应力钢筋的损伤，特别是有效预应力的降低，轻则缩短桥梁寿命，重则影响桥梁安全，如结构开裂、刚度降低、结构承载力降低、结构挠度增大、结构开裂处预应力筋局部应力较大，导致预应力筋安全系数减小、结构安全储备降低等。

在役预应力混凝土桥梁由于施工因素、材料性能和环境条件等的影响，钢筋中的拉应力随着张拉、锚固过程和时间推移而降低的现象称为预应力损失。对于后张法的在役预应力混凝土桥梁，在其正常使用状态中，应考虑以下五项损失：

①预应力筋与管道壁间摩擦引起的应力损失(σ_{l1})；

②锚具变形、钢筋回缩和接缝压缩引起的应力损失(σ_{l2})；

③混凝土弹性压缩引起的应力损失(σ_{l4})；

④钢筋松弛引起的应力损失(σ_{l5})；

⑤混凝土收缩和徐变引起的应力损失(σ_{l6})。

对于先张法的在役预应力混凝土桥梁,在其正常使用状态中,应考虑的预应力损失为:

①锚具变形、钢筋回缩和接缝压缩引起的应力损失(σ_{12});
②钢筋与台座间的温差引起的应力损失(σ_{13});
③混凝土弹性压缩引起的应力损失(σ_{14});
④钢筋松弛引起的应力损失(σ_{15});
⑤混凝土收缩和徐变引起的应力损失(σ_{16})。

对于在役预应力混凝土桥梁结构中的实际的有效预应力本身是未知参数,在桥梁服役期内,混凝土的劣化、汽车荷载的反复作用或超载现象造成混凝土的开裂及时间依存效应等诱因,这些都会造成钢束张力计算值与实际值之间的差异,影响到桥梁结构的使用性能和寿命,严重时还会导致结构安全事故。

目前,对于预应力钢筋预应力损失及锈蚀的研究起步较晚,实桥调查资料以及模型实验数据尚不完备,因此对在役预应力混凝土桥梁的有效预应力及强度衰减模型没有成熟的表示公式,鉴于以上原因,本书采用以下方法来考虑预应力筋的作用:

①对于承载能力极限状态状况,预应力混凝土钢筋由于受到混凝土及套管良好的保护作用,假定预应力筋的强度不随时间而衰减,按其强度设计值进行计算。

②对于正常使用极限状态时的抗裂验算,混凝土的收缩、徐变是引起时变预应力损失的主要因素,故在役预应力混凝土桥梁的有效预应力模型可按《钢筋混凝土及预应力混凝土桥涵设计规范》(JTG D62—2004)中的抗裂验算公式计算。

2.2.4 荷载效应衰减模型

1)恒载效应

恒荷载的作用是数值不随时间的变化或其变化与平均值相比可以忽略不计的荷载效应。对于预应力混凝土结构而言,认为结构上作用的恒载包括构件自重,考虑到现场检测混凝土构件采用抽样的方法,故一般认为构件自重是一随机变量,且服从正态分布。

桥梁自重效应的概率分布和统计参数如下:

$$F_{SG}(x) = \frac{1}{\sqrt{2\pi}\sigma_{SG}} \int_{-\infty}^{x} \exp\left[-\frac{(x-\mu_{SG})^2}{2\sigma_{SG}^2}\right] dx \quad (2\text{-}40)$$

在旧桥可靠性评估时,为简化计算,在计算自重效应平均值和标准差时一般

取用规范值,即

$$\mu_{SG} = 1.0148 S_{GK}$$
$$\sigma_{GK} = 0.0437 S_{GK}$$
$$\delta_{SG} = 0.0431$$

式中:μ_{SG}、σ_{GK}——为构件自重效应的平均值和标准差;

S_{GK}——为自重效应标准值;

δ_{SG}——为自重效应的变异系数。自重效应标准值和统计参数根据实测恒载确定。

连续梁应考虑梯度温差、基础不均匀沉降的作用,其他超静定结构尚应考虑均匀温差、混凝土收缩等作用。对于预应力混凝土连续梁或其他超静定结构,尚应考虑由于预加力引起的弹性变形受到约束而产生的次效应。考虑到在承载能力极限状态塑性铰尚未完全形成,所以在该状态时由预加力引起的次效应应予以考虑。至于混凝土徐变对上述各项作用的影响,一般在定性上较多起卸载作用,可在规范有明确规定或具有可靠的计算方法条件下(如预应力损失、体系转换)予以考虑。

混凝土压应力在 0.3~0.6 倍混凝土立方强度时,可考虑混凝土应力与徐变成线性关系。通常混凝土压应力不超过立方强度的一半,所以可以考虑徐变与应力保持线性关系。日照辐射,梁体吸热,在截面内升温不一,形成温差梯度,称为正温差。由于日落梁体反辐射散热,在截面内降温不一,形成温差梯度,称为反温差。无论正温差或反温差,均导致梁体截面发生温差应力。施工过程中不转换体系的预应力混凝土连续梁,预加力对梁体产生偏心弯矩,这个偏心弯矩相当于一个外力,对梁支点产生次反力,次反力又引起次剪力和次弯矩,总的称为次效应。预加力在瞬时损失完成后,尚有钢筋松弛、混凝土收缩和徐变的预应力损失在持续进行直至完成,从而次效应受到影响;要计算上述影响是个复杂的问题,本条公式是反映上述各因素对次效应影响的概括的简化方法。预应力混凝土连续梁在施工中如转换体系,且转换后为超静定体系,就要考虑混凝土徐变的次效应。

2)活载效应

可变荷载效应主要考虑汽车荷载,是一个与剩余使用寿命期有关的量,可以根据结构在已服役期内的荷载实测资料进行统计分析。但由于我国修建桥梁历史年限的局限性,获得足够的实测资料有一定的困难,一般情况下按设计荷载计算。结构上的可变荷载效应假定服从极值Ⅰ型分布,计算分一般运行状态和密集运行状态两种情况进行(一般运行状态车辆荷载效应与汽车—20级效应之

比,密集运行状态车辆荷载效应与汽车—超 20 级效应之比)。时段 t 内可变荷载效应的平均值及标准差可以表示为:

$$\begin{cases} \mu_{S_Q(t)} = \mu_{S_{Q_0}} + \ln(t/T_0/\alpha) \\ \sigma_{S_Q} = \sigma_{S_{Q_0}} \end{cases} \quad (2\text{-}41)$$

其中,
$$\alpha = \pi/(\sqrt{6}\sigma_{S_{Q_0}})$$

$\mu_{S_Q(t)}$、σ_{S_Q}——分别为 t 时刻汽车荷载效应平均值和标准差;

$\mu_{S_{Q_0}}$、$\sigma_{S_{Q_0}}$——分别为设计基准期内荷载效应极大值的平均值和标准差;

T_0——设计基准期,我国规定桥梁的设计基准期为 100 年。

2.2.5 神经网络技术原理简述

结构可靠度的计算分精确法和近似法两种:所谓精确法是指按照公式求解结构的失效概率 P_S 的方法;所谓近似法是指一次二阶距计算方法等,虽然是近似的,但是仍然属于概率法,称近似概率法。

精确法为一多重积分问题,包括按照前面数值积分公式求解失效概率的方法和数值模拟法(现通常采用 Monte Carlo 法等),应用随机数的方法来计算结构可靠度(或失效概率)的方法,随着计算机技术的不断发展,用精确法计算结构的失效概率已有取代一阶二次距法的趋势。目前常用的基本方法主要有:蒙特卡罗法(Monte Carlo method)、重要性样本法(importance sampling)和改进样本法(adaptive sampling)、直接积分法。

近似概率法将一个复杂的多重积分问题转化为一个简单数值计算问题,计算效率高,尽管得出的结构失效概率带有一定的近似性,但其精度足以满足工程需要,因而在工程界被广泛地应用。二次阶矩法,根据结构的功能函数的线性点的不同而又分为中心点法和验算点法。在简化计算法中,常用的有:一次二阶矩法、哈-林(Hasofer-Lind)法、雷-菲(Rackwitz-Fiessler)法、吴氏法、响应面法。吴氏法是在总结二次矩法、哈-林法和雷-菲法等的基础上发展起来的,相对来说,吴氏法是比较精确的一种方法,但计算比较烦琐。

人工神经网络(Artificial Neural Network,简称 ANN),简称神经网络,是人工智能领域中的一个重要分支,是从微观结构与功能上对人脑神经系统的抽象、简化与模拟而建立起来的一类计算模型,具有模拟人的部分形象思维的能力。它实际上是由大量简单元件相互连接而成的复杂网络,具有高度的非线性,能够进行复杂的逻辑操作和非线性关系实现的系统。

人工神经网络是模拟人脑的组织结构,由大量的基本处理单元——人工神

经元连接而成的,人工神经元是对生物神经元功能和结构的模拟。人工神经元模型的基本结构如图 2-14 所示。图中

$$X = (x_1, x_2, \cdots, x_n)^T \subset R^n \tag{2-42}$$

表示神经元的输入信号(也是其他神经元的输出信号),ω_{ij}表示神经元 i 和神经元 j 之间的连接强度,或称之为权值,θ_i 为神经元 j 的阈值(即输入信号强度必须达到的最小值才能产生输出响应),y_i 是神经元 i 的输出,其表达式为:

$$y_i = f(\sum_{j=1}^{n} \omega_{ij} x_j + \theta_i) \tag{2-43}$$

式中:$f(\sum_{j=1}^{n} \omega_{ij} x_j + \theta_i)$ 为传递函数(或称激活函数),表示神经元的输入-输出关系。

BP 神经网络和 RBF 神经网络是多个人工神经元的有机组合,如图 2-15 所示。

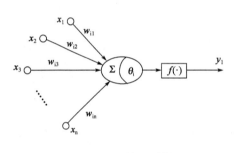

图 2-14 人工神经元模型

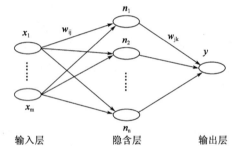

图 2-15 人工神经网络模型

神经网络的学习也称为训练,指的是通过神经网络所在环境的刺激作用调整网络的自由参数,使神经网络以一种新的方式对外部环境作出反应的一个过程,神经网络经过反复学习对其环境更为了解。一个神经网络要想改变其输出值,但又不能改变它的转换函数,只能改变其输入,而改变输入的唯一办法只能修改加在输入端的加权系数。因而,神经网络的学习过程是修改加权系数的过程,最终使其达到期望值,学习结束。

2.2.6 预应力混凝土桥梁承载力寿命预测方法

1)承载力随机寿命准则

承载力寿命准则是考虑钢筋锈蚀等引起的抗力退化,以构件的承载力降低到某一界限值作为耐久性极限状态。有文献提出结构构件剩余寿命取结构目前状态到可靠指标 β 下降到某一水平时所需时间 T_β,或从结构目前状态到耐久性

失效所需时间 T_D 中取最小值(其中 T_D 为混凝土碳化深度到达钢筋表面时间 T_1 与钢筋开始锈蚀到出现钢筋裂缝时间 T_2 之和)。

2)基于动态可靠度的寿命预测方法

对桥梁的使用寿命可以从不同的角度予以定义和分类。英国的 Somerville 从使用寿命终结的角度出发,将使用寿命分为以下三类:

(1)技术性使用寿命:是桥梁使用到某种技术指标(如结构整体性、承载力等)进入不合格状态时的期限,这种状态可因混凝土剥落、钢筋锈蚀引起。

(2)功能性使用寿命:与使用功能有关,是结构使用到不再满足功能使用要求的期限。如桥梁的行车能力已不能适应新的需要、结构的用途发生改变等。

(3)经济性使用寿命:是结构物使用到继续维修保留不如拆换更为经济时的期限。

这里主要是指预应力混凝土桥梁的技术性使用寿命。

使用寿命,实质是一个与时间有关的过程,与材料的性能、细部构造、暴露状态、劣化机理等许多因素及其相互作用有关而很难量化。钢筋混凝土的劣化往往是多种因素的综合作用结果,至少是一种侵蚀过程和荷载的共同作用。由于综合作用的影响机理相当复杂且不明了,所以,目前对混凝土使用寿命的预测还只能考虑其中的一个主要因素。现在有各类预测方法,通常组合起来应用,其中最有价值的是利用数学模型并应用随机概念的预测方法。

对于工程结构来说,人们更关心它的安全性和在保证安全的前提下结构的使用寿命,因此,基于承载力寿命准则进行寿命预测具有十分重要的意义。

承载力寿命理论是考虑钢筋锈蚀等引起的抗力退化,以构件的承载力降低到某一界限值作为耐久性极限状态,也即将由于承载力降低到不能承受结构的作用作为结构寿命终结的标志。承载力寿命准则可以表示为

$$X(t) = \{R(t) - S(t) \geq 0\} \tag{2-44}$$

或

$$X(t) = \{R(t_1,t) - S(t_1,t) \geq 0\} \tag{2-45}$$

式中: t——结构使用时间;

$S(t)$——作用效应随机过程;

$R(t)$——结构抗力随机过程;

$R(t_1,t)$——考虑 t_1 时刻结构状态修正的抗力随机过程;

$S(t_1,t)$——考虑结构已承受荷载时影响的作用效应随机过程;

t_1——结构已使用时间;

$X(t)$——结构承载力寿命准则,即承载力极限状态,是一个随机过程。

由于结构在服役过程中抗力与作用的随机过程性,结构的承载力寿命分析实质上是基于结构动态可靠度的寿命预测。根据结构可靠度的定义,在役结构的动态可靠度可以表示为

$$P_s(t) = P\{X(t)\} \tag{2-46}$$

或

$$R_s(t_1,t) = P\{X(t)\} \tag{2-47}$$

式中:t——结构服役时间。

结构的动态可靠度(或可靠指标)是结构服役时间的函数,随结构服役时间的变化而变化。若给定结构的目标可靠度 P_s^*(或目标可靠指标 β^*),则由 β^* 与动态可靠指标 $\beta(t)$ 曲线的交点求出经过年数,此时间即为结构的承载力寿命。

结构的承载力寿命预测是在保证结构安全的前提下进行的,因此,在预测结构的承载力寿命时,目标可靠指标 β^* 应该与结构设计时的目标可靠指标相同。取目标可靠指标 β^*,则从 $\beta(t)$ 曲线可以得到结构的承载力寿命,若该结构已经使用了 t_1 年,则其剩余承载力寿命为 $T_{crs} = (T_{cr} - t_1)$ 年。

根据我国现行公路桥梁设计规范条件下桥梁结构构件可靠度校准的结果,经综合分析,并参考国内外各种结构构件目标可靠指标的建议值,建议我国公路桥梁二级结构构件在设计基准期内的上述建议值分别相应于现行公路桥梁结构设计规范延性破坏构件和脆性破坏构件可靠指标的下限值如表2-6所示。

公路桥梁结构构件截面的目标可靠指标的建议值　　　　表2-6

荷载作用效应组合	一级		二级		三级	
	延性破坏	脆性破坏	延性破坏	脆性破坏	延性破坏	脆性破坏
主要组合	4.7	5.2	4.2	4.7	3.7	4.2
附加组合	4.2	4.7	3.7	4.2	3.2	3.7

注:1. 主要组合系指汽车、人群、结构自重和土引起的或其中部分引起的效应组合;附加组合系指在主要组合基础上再加其他作用效应的组合。
　　2. 延性破坏是指结构构件在破坏前有明显变形或其他预兆;脆性破坏是指结构构件在破坏前无明显变形或其他预兆。
　　3. 当有充分根据时,各类材料的桥梁结构设计规范采用的 β 值可对本表的规定值作不超过 ±0.25幅度调整,即相当于表中有半个量级的波动(每个量级之间 β 相差0.5)。
　　4. 当承受偶然作用效应组合时,结构的目标可靠指标应符合专门规范的规定;当有特殊要求时,结构可靠指标可不受本表限制。

对于一级和三级公路桥梁结构构件,相应的目标可靠指标可根据我国《公路工程结构可靠度设计统一标准》(GB 50283—1999)的要求,在已确定的二级

结构构件目标可靠指标的基础上各分别增减 0.5,这个要求依然是工程经验性的要求。建议在设计基准期 $T=100$ 年内的目标可靠指标 β 值如表 2-6 所示。

3)剩余寿命的计算

在剩余使用寿命分析中最简单方便的方法是用桥梁的使用寿命减去已经投入使用的年限,如果桥梁在以前使用过程中有重大创伤,可以考虑用桥梁已经使用年限乘以一个系数,然后再用使用寿命减去这个结果得到。这种方法简单方便,宜于进行粗略估算。

桥梁剩余使用寿命计算流程:

①确定桥梁结构的失效标准和评估准则;

②描述桥梁结构所处的环境以及材料特性,建立结构抗力的衰减模型;

③实测当前状态下桥梁结构抗力和荷载的统计参数;

④采用神经网络技术和 JC 法计算桥梁结构的动态可靠度;

⑤当动态可靠度小于可靠度限制 β^* 时,所对应的 t 即为桥梁结构的剩余使用寿命,计算结束。

计算桥梁结构剩余使用寿命的框图如图 2-16 所示。

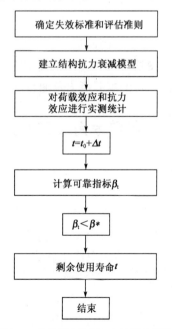

图 2-16 结构剩余使用寿命计算流程图

3 在役预应力混凝土桥梁加固方法有限元建模分析

采用有限元方法对预应力混凝土桥梁上部结构加固方法(增大截面法、粘贴钢板法、粘贴碳纤维法、体外预应力加固法以及混合加固方法)的研究及细致的对比分析,得出其对结构承载力、刚度及抗裂性能的影响规律;结合其施工方法、适用环境等,对不同问题,推荐不同的行之有效的加固方法,以供加固设计参考。

桥梁加固的方法较多,每一种加固方法都有不同的适用性及局限性。实践中我们要仔细进行方案比选,可采用一种或几种方法组合,从而使加固效果达到优化。桥梁加固应尽量减少对原有结构的损伤,并充分利用原有的结构构件,且应保证原有结构保留部分的安全性与耐久性。

实践表明对低等级公路旧桥加固改造既可以充分利用现有资源,起到节约资金的作用,还可以不中断交通,保证生产的正常进行。通过采用适当的加固与维修技术,可以恢复和提高旧桥的承载能力及通行能力,延长桥梁的使用寿命。

3.1 研究方向及模拟方法

3.1.1 研究方向

结构物在实际使用过程中承受两大类作用,即外荷载和变形作用。其中变形作用包括温度、收缩、不均匀沉降等因素。而裂缝的主要成因有以下三种:

(1)外荷载作用下在混凝土结构中产生的直接应力,即按常规计算的主拉应力引起的裂缝。

(2)由外荷载作用,结构次应力引起的裂缝。因为许多结构物的实际工作状态同常规计算模型有出入,例如屋架按铰接节点计算,但实际混凝土屋架节点却有显著的弯矩,此弯矩即称为次应力,它们时常引起结构裂缝。

以上两种情况下的裂缝可归并到外荷载引起的裂缝,也称为结构性裂缝或受力裂缝，其裂缝与荷载有关，预示结构承载力可能不足或存在严重问题。

预应力混凝土梁中典型的荷载裂缝，有发生在最大正弯矩处的弯曲裂缝，出现在支点附近的剪切裂缝，预应力锚头局部承压伴随的裂缝，以及预应力筋曲线布筋时由预应力筋径向力导致的混凝土局部劈裂或崩裂等等。

（3）由变形作用引起的裂缝。结构由温度、收缩和徐变、不均匀沉降等因素而引起的裂缝，也称为非结构性裂缝。当此变形得不到满足时，在结构构件内部将产生自应力，当此自应力超过混凝土允许拉应力时，即可引起混凝土裂缝，裂缝一旦出现，变形即得到满足或部分满足，应力就会释放。

横向裂缝多发生在运营使用期间。超载等各种原因造成的预应力损失超过设计预想，都可能导致横向裂缝的发生。此外，由于徐变上拱的发生和发展，在梁的上翼缘也会产生横向裂缝，而且随着徐变的发展，裂缝也会发展，而当桥上荷载较大时，这种裂缝又会暂时闭合，因此本书主要针对桥梁横向裂缝进行建模分析。

3.1.2 裂缝模拟方法

1）混凝土开裂判断依据

为了判断何时出现裂缝，通常采用的两个准则是：

（1）最大主拉应力准则：最大主拉应力准则认为当最大主拉应力超过某一极限时，即出现裂缝；

（2）最大主拉应变准则：最大主拉应变准则认为当最大主拉应变超过某一极限时，即出现裂缝。

2）混凝土裂缝的计算方法

（1）离散裂缝模型

在划分有限元网格时，即确定裂缝的位置和方向。如图 3-1 所示，对于单向裂缝，在同一点设置两个节点，代表裂缝的两面。对于双向裂缝的交点，同一地点设置四个节点。在早期的有限元文献中，裂缝两边的节点是相互独立的。用荷载增量法进行计算，当某点主拉应力达到混凝土抗拉强度时，认为在该点将产生裂缝。即将该点改为两个节点，对节点重新编号，然后进行下一步计算。

改进后的离散裂缝模型如图 3-2 所示。在裂缝两面的相应节点之间，用两个弹簧加以联结，一个弹簧平行于缝面，另一个弹簧垂直于缝面。当混凝土单元内的拉应力低于其抗拉强度时，这些联结弹簧处于弹性工作状态，代表正常的混凝土。而当单元内拉应力达到混凝土的抗拉强度时，即降低弹簧的刚度，以便裂缝能张开。弹簧内保留较低的刚度，代表裂缝内混凝土骨料的咬合作用。在裂缝张开以前，裂缝的宽度为零，所以联结弹簧的刚度应取很大的数值，理论上应为无穷大。混凝土的应力状态取自裂缝两边的单元，而不是取自联结弹簧，所以在裂开之前，联结弹簧的刚度系数取充分大的数值就可以了。至于具体的数值，对计算影响并不大。

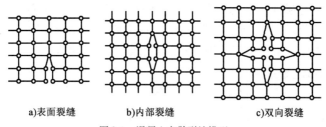

图 3-1　混凝土离散裂缝模型

在裂缝张开后，联结弹簧刚度系数就要采用合适的数值，以便既能反映骨料咬合作用，又能让裂缝充分张开。与完全脱开的离散裂缝模型相比，这种带弹簧的离散模型有两个优点：①裂缝产生后，只需改变弹簧的刚度系数，不必增加新的节点，因此不必修改计算网格，计算较方便；②可用联结弹簧反映裂缝面上骨料的咬合作用。

采用离散裂缝模型，裂缝的位置和方向都是事先假定的，这是一个重大缺点。除了特别简单的结构外，很难事先准确地决定裂缝的位置和方向。正因为如此，这种裂缝模型目前较少采用。离散裂缝模型的优点：①采用离散裂缝模型时，钢筋的暗楔作用（图 3-3）和混凝土对钢筋的握裹力可以得到反映；②裂缝毕竟是结构内部的一个不连续面，离散裂缝模型，可以较直观、较真实地反映这种不连续面对结构的影响。

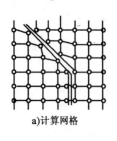

图 3-2　带弹簧的离散裂缝模型

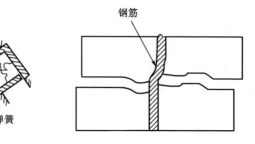

图 3-3　钢筋的暗楔作用

（2）分布裂缝模型

分布裂缝模型不是直接地模拟裂缝，而是在力学上模拟裂缝的作用，在建立单元刚度矩阵时，考虑裂缝的影响。显然，裂缝的主要影响是：在裂缝表面上不能再承受拉力，但在平行于裂缝方向，还是可以继续承受拉应力的。如图 3-4 分布裂缝模型所示，分布裂缝模型假定在单元内产生了无限条平行的裂缝，使得材料变成正交异性的。在垂直于裂缝的方向，弹性模量等于零。为了反映骨料咬合作用，在平行裂缝方向，保留一比较小的剪切模量。

分布裂缝模型的优点是不必事先知道裂缝的位置和方向，在增量加载的过程中，根据实际应力状态自动决定裂缝产生的位置和方向。与离散裂缝模型相比，分布裂缝模型使用起来方便的多，因此在实际分析中得到了广泛的应用。

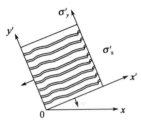

图 3-4　分布裂缝模型

（3）断裂力学模型

实际经验表明，混凝土是一种切口敏感材料，当混凝土结构有一切口时，由于切口尖端的应力集中，很容易从切口尖端发展裂缝。当以主拉应力达到抗拉强度作为裂缝扩展的准则时，由于忽略了裂缝尖端的应力集中，可能是偏于不安全的。因此，近几十年来，国内外对混凝土断裂力学进行了大量研究。

有限单元法是研究混凝土断裂的重要工具，目前，有两类计算模型：尖锐裂缝模型和钝裂缝带模型。

① 尖锐裂缝模型

尖锐裂缝模型是传统的断裂力学计算模型，如图 3-5a）所示，假定裂缝是离散的，沿着单元的边界发展、在裂缝尖端布置二次等参单元，靠近裂缝尖端的几个边中点，向裂缝尖端靠拢，至裂缝尖端的距离等于单元边长，以反映裂缝尖端附近的应力集中。由此计算裂缝尖端的应力强度因子，然后与混凝土的断裂韧度相比，以判断裂缝是否扩展。

采用这种计算模型，裂缝每扩展一次，就要修改一次有限元网格，计算比较烦琐。

② 钝裂缝带模型

如图 3-5b），按分布裂缝模型计算，设已有裂缝长度为 a，研究裂缝扩展到下一个单元（长度为 Δa，体积为 Δv）中去的条件，考虑到在裂缝扩展以前，裂缝尖端前面的混凝土中实际存在着大量微细裂缝，bazant 提出不用应力强度因子作为裂缝扩展的判别依据，根据新开裂的单元（体积 Δv）在裂缝扩展前后的能量改

变 ΔU,与裂缝长度改变的比率 $\Delta U/\Delta a$,来判断裂缝是否扩展。采用钝裂缝带模型,按分布裂缝模型计算,裂缝的扩展是通过裂缝单元材料参数的改变来实现的,裂缝扩展以后不必修改计算网格,计算比较方便。

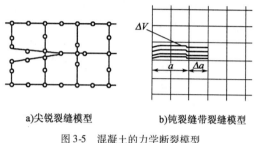

a)尖锐裂缝模型　　　　b)钝裂缝带裂缝模型

图 3-5　混凝土的力学断裂模型

3.2　单元选取及材料特性确定

3.2.1　单元类型选取

1)Solid65 单元

ANSYS 中的 Solid65 单元是专为混凝土等抗压能力远大于抗拉能力的非均匀材料开发的单元,其带筋模式加固材料可以模拟混凝土中的普通钢筋及箍筋,可以考虑混凝土的开裂与压溃现象,模拟拉伸时产生裂缝,受压时压碎,它还有塑性和徐变等非线性特点。Solid65 单元是 8 节点的六面体单元,每个节点就是六面体的顶点,如图 3-6 所示。钢筋混凝土有限元模型根据钢筋的处理方式主要分为分离式、整体式和组合式三种类型,对于钢筋分布密集而又均匀的构件形式,一般使用整体式钢筋混凝土模型,即定义 Solid65 单元在三维空间各个方向的钢筋含筋率。本文针对预应力钢筋混凝土梁即采用整体式钢筋混凝土模型,对含筋率实常数进行设置,以考虑普通纵向钢筋和箍筋的作用。

为了解混凝土结构的受力机理和破坏过程,在大型有限元软件 ANSYS 中,专门设置了 Solid65 单元来模拟混凝土或钢筋混凝土结构,提供了很多缺省参数,从而为使用者提供了很大的方便。

Solid65 单元是专门针对混凝土、岩石等抗压能力远大于抗拉能力的非均匀材料开发的单元。它可以模拟混凝土中的加强钢筋(或玻璃纤维、型钢等),以及材料的拉裂和压溃现象。Solid65 假设只允许在每个积分点正交的方向开裂,积分点上出现裂缝之后,通过调整材料属性来模拟开裂。裂缝的处理形式上,采用

"分布裂缝"而非"离散裂缝",假设混凝土最初是各向同性材料,除了开裂和压碎之外,混凝土也会塑性变形,常采用 Drucker2Prager 屈服面模型模拟其塑性行为的应力应变关系。在这种情况下,一般在假设开裂和压碎之前,塑性变形已经完成。

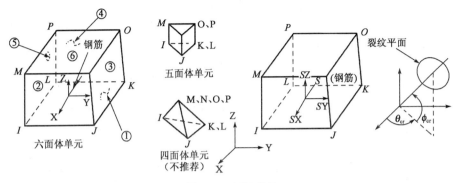

图 3-6 Solid65 单元

Solid65 单元本身包含两部分:①和一般的 8 节点空间实体单元 Solid45 相同的实体单元模型,但是加入了混凝土的三维强度准则;②由弥散钢筋单元组成的整体式钢筋模型,它可以在三维空间的不同方向分别设定钢筋的位置、角度、配筋率等参数。

在实际应用中,一般需要为 Solid65 单元提供以下数据:

(1)实常数:在实常数中给定 Solid65 单元在三维空间各个方向的钢筋材料编号、位置、角度和配筋率。对于墙、板等钢筋分布比较密集而又均匀的构件形式,一般使用这种整体式钢筋混凝土模型。由于在实际工程中的箍筋布置一般不均匀,所以在建模时可以用下面方法改善箍筋建模时的质量:将纵筋密集的区域设置为不同的体,使用带筋的 Solid65 单元,而无纵筋区则设置为无筋 Solid65 单元。这样就可以将钢筋区域缩小,接近真实的工程情况。

(2)材料模型:在这里设定混凝土和钢筋材料的弹性模量、泊松比、密度等等。

(3)数据表(Data Table):在这里给定钢筋和混凝土的本构关系,对于钢筋材料,一般需要给定一个应力应变关系的 Data Table:譬如双折线等强硬化或随动硬化模型等。而对于混凝土模型,则需要两个 Data Table:一是本构关系的 Data Table,比如使用多线性随动强化塑性模型(Multilinear kinematic hardening plasticity 模型)或者 D2P 塑性模型(Drucker2Prager plasticity 模型)等,用来定义混凝土的应力应变关系;二是 Solid65 特有的 Concrete element data,用于定义混凝土的强度准则,譬如单向和多向拉压强度等。由于混凝土材料的复杂性,混凝土的强度准则有考虑1~5个参数的多种方法。一般来说,强度准则的参数越多,对混凝土强度性能的描述就越准确。Solid65单元采用William2Warnke5参数强度模型,其中需要的材料参数有:单轴抗拉强度,单轴、双轴抗压强度,静水压力,在静水压力作用下的双轴、单轴抗压强度。

混凝土与钢筋组合是最常见的一种组合方式,一般说来,可供选择的方法有以下三种:

(1)整体式模型

直接利用带筋的Solid65提供的实参数建模,其优点是建模方便,分析效率高;缺点是不适用于钢筋分布较不均匀的区域,且得到钢筋内力比较困难。主要用于有大量钢筋且钢筋分布较均匀的构件中,譬如剪力墙或楼板结构。

(2)分离式模型,位移协调

利用空间杆单元Link 8或空间管单元Pipe20建立钢筋模型,和混凝土单元Solid 65共用节点。其优点是建模比较方便,可以任意布置钢筋并可直观获得钢筋的内力。缺点是建模比整体式模型要复杂,需要考虑共用节点的位置,且容易出现应力集中拉坏混凝土的问题。

(3)分离式模型,界面单元

前两种混凝土和钢筋组合方法假设钢筋和混凝土之间位移完全协调,没有考虑钢筋和混凝土之间的滑移,而通过加入界面单元的方法,可以进一步提高分析的精度。同样利用空间杆单元Link 8或空间管单元Pipe 20建立钢筋模型,不同的是混凝土单元和钢筋单元之间利用弹簧模型来建立连接。不过,由于一般钢筋混凝土结构中钢筋和混凝土之间都有比较良好的锚固,钢筋和混凝土之间滑移带来的问题不是很严重,一般不必考虑。

ANSYS中对于裂缝的处理方式有离散裂缝模型、分布裂缝模型和断裂力学模型三种。由于本文需要获得结构的荷载-位移特性曲线,采用分布裂缝模型,即将实际的混凝土裂缝"弥散"到整个单元中,假定开裂混凝土还保持某种连续,按正交各向异性材料处理,利用混凝土的材料本构模型来模拟裂缝的影响。由于裂缝可以随机产生,裂缝发生在单元体内,只需对材料本构矩阵加以调整,无须改变单元类型或者重新划分单元网格,比较适合需要获得结构的荷载-位移特性曲线的分析。当单元主拉应力超过开裂应力混凝土抗拉强度时,在垂直主拉应力的方向上出现裂缝。通过修正应力-应变关系,引入垂直裂缝表面方向的一个缺陷平面来表示在某个积分点上出现了裂缝。考虑开裂后混凝土骨料咬合及钢筋暗销作用,在平行裂缝的方向上仍然可以承受部分剪应力,在单元刚度矩阵中引入残留抗剪系数(即剪切模量乘以折减系数)模拟剪切力的损失。

在某个方向上出现裂缝后的材料应力-应变关系矩阵可以表达为:

$$D_c^{ck} = \frac{E}{(1+v)}\begin{bmatrix} \frac{R^t(1+v)}{E} & 0 & 0 & 0 & 0 & 0 \\ 0 & \frac{1}{1-v} & \frac{v}{1-v} & 0 & 0 & 0 \\ 0 & \frac{v}{1-v} & \frac{1}{1-v} & 0 & 0 & 0 \\ 0 & 0 & 0 & \frac{\beta_t}{2} & 0 & 0 \\ 0 & 0 & 0 & 0 & \frac{1}{2} & 0 \\ 0 & 0 & 0 & 0 & 0 & \frac{\beta_t}{2} \end{bmatrix}$$

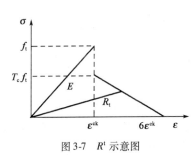

图 3-7　R^t 示意图

R^t 为一割线模量，如图 3-7 所示的直线斜率，将随着求解的收敛而自适应下降为 0。

图中，f_t 为混凝土的单轴抗拉强度，T_c 表示拉应力松弛因子。

如果裂缝是闭合的，那么所有垂直于裂缝面的压应力都能传到裂缝上，但是剪切力只传递原来的几倍，闭合裂缝的刚度矩阵可以描述为：

$$D_c^{ck} = \frac{E}{(1+v)(1-2v)}\begin{bmatrix} 1-v & v & v & 0 & 0 & 0 \\ v & 1-v & v & 0 & 0 & 0 \\ v & v & 1-v & 0 & 0 & 0 \\ 0 & 0 & 0 & \frac{\beta_c(1-2v)}{2} & 0 & 0 \\ 0 & 0 & 0 & 0 & \frac{(1-2v)}{2} & 0 \\ 0 & 0 & 0 & 0 & 0 & \frac{\beta_c(1-2v)}{2} \end{bmatrix}$$

假如在单轴、双轴、三轴压力作用下，某个积分点上的材料失效，就认为这个点上的材料压碎了。在单元中，压碎意味着材料结构完整性的完全退化。当出现压碎情况时，材料强度已经退化至在积分点上对单元刚度矩阵的贡献完全可以忽略的地步。

在有限元分析中,预应力混凝土结构的传统分析方法是将力筋的作用以荷载的形式作用于结构,即所谓的等效荷载法。为详尽的分析预应力混凝土结构的力学行为,宜采用"实体力筋法",即力筋和混凝土分别用不同的单元模拟,预应力通过不同的方法施加。

(1)等效荷载法

等效荷载法在静定结构中的优越性并不显著,而在超静定结构分析中则显出其优越性。用一组"等效"荷载替代预应力筋的作用施加到结构上,因此结构分析时对单元基本无限制,可采用的单元形式主要有 BEAM 系列、SHELL 系列和 SOLID 系列。考虑到该方法的特点,一般作为结构受力分析或施工控制时可采用 BEAM 和 SHELL 系列单元,而使用 SOLID 单元系列则较为困难,尤其是当结构庞大而复杂时。

等效荷载法的优点是建模简单,不必考虑力筋的具体位置直接建模,网格划分简单;对结构在预应力作用下的整体效应比较容易求得。

(2)实体力筋法

实体力筋法中的实体可采用的单元有 SHELL 系列和 SOLID 系列,对混凝土结构一般采用 SOLID 系列比较好。在弹性阶段应力分析中,可采用弹性的 SOLID 系列,而要考虑开裂和极限分析,可采用 Solid65 单元。力筋可采用 LINK 单元系列。

预应力的模拟方法有降温法和初应变法。降温方法比较简单,同时可以设定力筋不同位置的预应力不同分布,即能够对应力损失进行模拟;初应变法通常不能考虑预应力损失,否则每个单元的实常数各不相等,工作量较大。

实体力筋法可消除等效荷载法的缺点,对预应力混凝土结构的应力分析能够精确的模拟。该法在力学模型上有三种处理方法,即实体切分法、节点耦合法、约束方程法。

①实体切分法:基本思路是先以混凝土结构的几何尺寸创建实体模型,然后用工作平面和力筋线拖拉形成的面,将混凝土实体切分,用切分后体上的一条与力筋线型相同的线定义为力筋线。这样不断切分下去,最终形成许多复杂的体和多条力筋线,然后分别进行单元划分、施加预应力、荷载、边界条件后进行求解。这种方法是基于几何模型的处理,力筋位置准确,求解结果精确,但当力筋线型复杂时,建模比较麻烦,甚至导致布尔运算失败。

②节点耦合法:基本思路是分别建立实体和力筋的几何模型,创建几何模型时不必考虑二者的关系。然后对几何模型的实体和力筋线分别进行独立的单元划分,单元划分后采用耦合节点自由度将力筋单元和实体单元联系起来,这种方法是基于有限元模型的处理。

该方法建模比较简单,但要熟悉 APDL 编程。缺点是当混凝土单元划分不够密时,力筋节点位置可能有些走动,造成一定的误差,为消除该误差,势必将混凝土单元划分的较密,即以牺牲计算效率获得上述优点。该方法是解决大量复杂力筋线型的有效方法。

③约束方程法:在节点耦合法中,是通过点(混凝土单元上的一个节点)点(力筋上的一个节点)自由度耦合的,这样需要找寻最近的节点然后耦合,略显麻烦。所以,可通过 CEINTF 命令在混凝土单元节点和力筋单元节点之间建立约束方程,与利用节点耦合法建模相比较,更为简单。在分别建立几何模型和单元划分后,只需选择力筋节点,CEINTF 命令自动选择混凝土单元的数个节点(在容差 TOLER 范围内)与力筋的一个节点建立约束方程。通过多组约束方程,将力筋单元和混凝土单元连接为整体。显然,该法可提高工作效率,且对混凝土网格密度要求不高,并且提高了计算效率。该法也比较符合实际情况,计算结果较为精确。

实体力筋法模拟预应力筋在力筋端点存在较大的误差,这是因为实际结构存在锚头和锚下垫板或锚座等,张拉力传递到一定的混凝土面上而不是一个点;该法没有考虑力筋和混凝土之间的相对滑动。

2) Link 8 单元

Link 8 单元是具有 2 节点的三维杆单元,能承受单向拉伸或压缩,每个节点上具有 3 个自由度。该单元在土木工程中也广泛应用,可以用来模拟三维空间桁架、松弛状绳索、铰链及弹簧单元等。在销钉联结结构中,可以不考虑单元的弯曲。包括塑性、蠕变、膨胀、应力刚化和大变形特性。本文采用 Link 8 单元来模拟预应力钢筋的受力特性,如图 3-8 所示。

图 3-8 link 8 单元

3) Shell 181 单元

Shell 181 为四节点壳单元,如图 3-9 所示,每个节点有三个平动自由度 u_x,u_y,u_z 和三个转动分量 θ_x,θ_y,θ_z,共计六个自由度。该壳单元可以支持线性分析、材料塑性、应力刚化、大应变和大变形分析,适合分析薄板、中厚板壳结构等多种结构。本文采用 Shell 181 单元来模拟加固所采用的钢板受力特性。

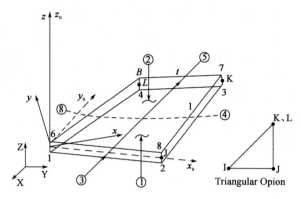

图 3-9　hell 181 单元

4) Shell 41 单元

碳纤维布是一种弹性材料,它有很高的抗拉强度,而且质量轻厚度薄,比较柔软,具有超强薄膜的特性。

Shell 41 单元是一种 3D 单元,如图 3-10 所示,具有膜的刚度,但不具有弯曲刚度,该单元有 4 个节点,每个节点有 3 个自由度,分别是 x,y,z 三个方向的位移,它适合变厚度、大变形的非线性有限元分析。因此本文采用 Shell 41 单元来模拟加固所采用的碳纤维布的受力特性。

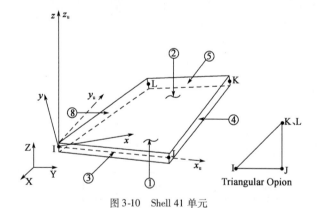

图 3-10　Shell 41 单元

本次分析需要为 Shell 41 单元提供以下数据:①实参数:主要是碳纤维布的厚度,其中粘贴一层碳纤维布的厚度取 0.15mm,两层碳纤维布的厚度取 0.3mm,三层碳纤维布的厚度取 0.45mm;②材料模型:其中碳纤维布弹性模量为 2.12×10^5 MPa,泊松比取 0.21;③数据表:定义碳纤维布的本构关系。碳纤维布是弹性材料,其应力应变关系如图 3-11 所示。

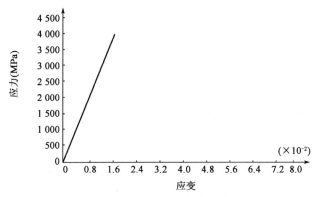

图 3-11 碳纤维布的应力-应变关系图

3.2.2 材料特性

材料的本构理论建立了结构承载时应力、应变之间的关系，混凝土、碳纤维以及钢板的本构关系如图 3-12 ~ 图 3-14 所示。

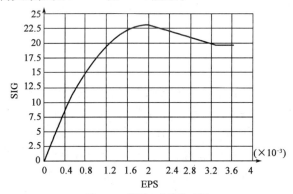

图 3-12 混凝土本构关系图

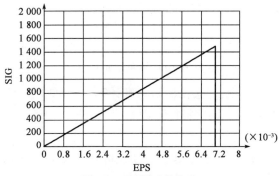

图 3-13 碳纤维本构关系

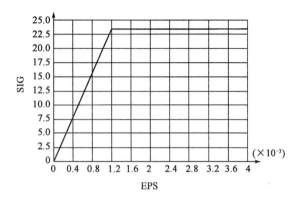

图 3-14 加固钢板本构关系

上述材料本构模型的简化,很好地描述了材料承载过程中的应力—应变关系变化,是经典弹塑性理论在混凝土结构分析中的成功应用。

3.3 非线性解的模拟思想

用 ANSYS 计算混凝土要使计算收敛是相当困难的,主要影响因素有网格密度、子步数、收敛准则等。

(1)网格密度:网格密度适当能够收敛。不是网格越密越好,当然太稀也不行,这仅仅是就收敛而言的,不考虑计算费用问题。但是究竟多少合适,还没有规律可循,只能针对具体情况进行试算。

(2)子步数:NSUBST 的设置很重要,设置太大或太小都不能达到正常收敛。这点可以从收敛过程图看出,如果 F 范数曲线在[F]曲线上面走的很长,可考虑增大子步数,或者根据经验慢慢试算调整。

(3)收敛精度:实际上收敛精度的调正并不能彻底解决收敛的问题,但可以放宽收敛条件加速收敛。一般不超过5%(缺省是0.5%),且使用力收敛条件即可。

(4)混凝土压碎的设置:不考虑压碎时,计算相对容易收敛;而考虑压碎则比较难收敛,即便是没有达到压碎应力时也是如此。如果是正常使用情况下的计算,建议关掉压碎选项;如果是极限强度计算,建议使用 CONCR + MISO 而且关闭压碎检查;如果必须设压碎检查,则要通过大量的试算(设置不同的网格密度、子步数)以达到目的。

(5)其他选项:如线性搜索、预测等项也可以打开,以加速收敛。

通过反复调整网格密度、荷载步及子步数,在梁开裂初期及破坏阶段采用较小的荷载步及较多的子步数。其次,将收敛精度控制在5%以内,经反复试算得到收敛解。荷载步见表3-1。

荷 载 步　　　　　　　　　　表3-1

序号	1	2	3	4
荷载	自重+预应力	二期恒载+车道荷载	卸载	激活+二次加载

3.4　不同加固方法的模拟思路

(1)将桥梁根据不同的截面形式分为空心板桥、T形梁桥和箱形梁桥,得到不同类型的桥梁出现裂缝位置和裂缝形式。

(2)采用单一的加固方法进行模拟分析,具体操作方法为:

①对某一截面形式的桥梁通过不同的加载步骤使其产生裂缝,作为实际桥梁病害的模拟对象。

②分别采用增大截面法、粘贴不同厚度的碳纤维、粘贴不同厚度的钢板和增加体外预应力钢束的方法分别模拟,对其加固后的承载能力、刚度等进行对比分析。

(3)采用混合加固的方法进行模拟,即将粘贴碳纤维与增大截面法组合,粘贴钢板与增大截面法组合,分析其加固后的效果。

(4)针对同一种裂缝病害,对不同加固方式的加固后效果汇总分析,从受力的角度得到优化的加固方法。

3.5　加 固 实 例

不同桥型存在不同病害的桥梁加固方法略有不同,即使加固方法相同,其具体加固措施亦会存在差异。现以预应力空心板桥为例对表3-2中加固措施1~5进行模拟,从而得到各加固方法的加固效果。然后通过一具体实例介绍体外预应力的加固模拟。

加 固 措 施 分 类　　　　　　　表3-2

措施种类	加固措施1	加固措施2	加固措施3	加固措施4	加固措施5	加固措施6
方法	粘贴0.45mm碳纤维	增大截面法	粘贴0.45mm碳纤维+增大截面法	粘贴8mm钢板	粘贴8mm钢板+增大截面法	体外预应力

3.5.1 粘贴碳纤维法力学规律分析

1）空心板尺寸和 ANSYS 模型，见图 3-15～图 3-16。

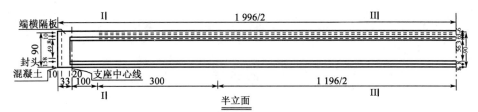

图 3-15 空心板纵向尺寸（单位：mm）

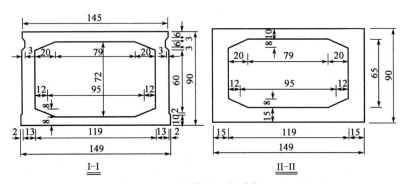

图 3-16 空心板截面尺寸（单位：mm）

空心板截面对称，为了在 ANSYS 计算分析中减少单元数目，采用对称约束，ANSYS 模型如图 3-17～图 3-19 所示。

图 3-17 整体模型　　图 3-18 模型截面　　图 3-19 碳纤维布置

2）单元选取

在本章分析中，结合各种材料的特性，共采用了 3 种单元。

（1）混凝土单元 Solid65，见图 3-6。

（2）加固碳纤维采用 Shell41，见图 3-11。

(3)支座处垫板与梁端预应力锚固垫板采用 Solid45 单元：8 结点实体单元 Solid45 用来模拟支座及预应力锚固垫板。每一个结点有三个平移自由度（X,Y,Z 方向），单元形状及结点位置与 Solid65 一致。

3）材料特性

混凝土和碳纤维的本构关系如图 3-20、图 3-21 所示。

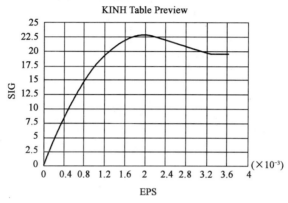

图 3-20　混凝土本构关系图

本文所采用的有限元程序 ANSYS 支持在计算的不同时刻，添加或删除单元的功能——单元生死。在分析结构中不同构件承受荷载时刻不同时，此功能给分析带来了极大便利。为了取得单元生死的效果，ANSYS 程序并不是真正移走"死"单元。相反，程序通过用一个很小的因子乘以它们的刚度，在荷载矢量中和这些"死"单元相联系的单元荷载（压力热通量、热应变等）也被设置为 0。与此相似，对于"死"单元，质量、阻尼、比热等也被设置为零。当单元"死掉"时，单元的应变也被设置为零。当单元"活"的时候，它们也不是真正的被添加到模型中去，而只是一种简单的重新激活。在前处理期间，必须定义所有的单元，包括那些在以后分析中将会变"活"的单元，在求解期间不能建立任何单元。为了"添加"单元，首先必须让它们"杀死"，然后在合适的荷载步中重新激活它们。当单元被重新激活时，它的刚度、质量和单元荷载等返回到原始值，但没有任何应变历史记录。所以，本文在进行有预载的分析中，应用了单元生死的功能。在建立完全部单元后先将片材单元"杀死"，等到荷载加至预载值后又将其激活参与计算。

4）非线性解

用 ANSYS 计算混凝土要使计算收敛是相当困难的，主要影响因素有网格密度、子步数、收敛准则等。

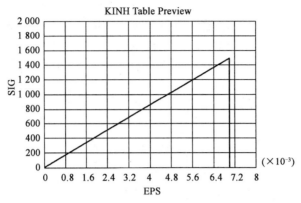

图 3-21 碳纤维本构关系

(1)网格密度:网格密度适当能够收敛。不是网格越密越好,当然太稀也不行,这仅仅是就收敛而言的,不考虑计算费用问题。但是究竟多少合适,还没有规律可循,只能针对具体情况进行试算。

(2)子步数:NSUBST 的设置很重要,设置太大或太小都不能达到正常收敛。这点可以从收敛过程图看出,如果 F 范数曲线在[F]曲线上面走的很长,可考虑增大子步数。或者根据经验慢慢试算调正。

(3)收敛精度:实际上收敛精度的调正并不能彻底解决收敛的问题,但可以放宽收敛条件加速收敛。一般不超过 5%(缺省是 0.5%),且使用力收敛条件即可。

(4)混凝土压碎的设置:不考虑压碎时,计算相对容易收敛;而考虑压碎则比较难收敛,即便是没有达到压碎应力时也是如此。如果是正常使用情况下的计算,建议关掉压碎选项;如果是极限强度计算,建议使用 CONCR + MISO 而且关闭压碎检查;如果必须设压碎检查,则要通过大量的试算(设置不同的网格密度、子步数)以达到目的。

(5)其他选项:如线性搜索、预测等项也可以打开,以加速收敛。

首先本文通过反复调整网格密度、荷载步及子步数,在梁开裂初期及破坏阶段采用较小的荷载步及较多的子步数。其次,将收敛精度,控制在 5% 以内,经反复试算得到收敛解。荷载步见表 3-3。

荷 载 步　　　　　　　　　　　　　表 3-3

序号	1	2	3	4
荷载	自重+预应力	二期恒载+车道荷载	卸载	激活+二次加载

5)计算结果

(1)荷载位移曲线

从图3-22可以看出,加固一层碳纤维后结构的极限承载力有一定的提高,但随着加固碳纤维厚度的增大,结构的极限承载能力提高不明显。在卸载车道荷载后,结构有微量残余变形,大约为0.45mm。加固0.45mm碳纤维板承载能力略微大于加固0.3mm碳纤维板的承载能力,0.15mm略次之。由柱形图3-23可以看出,粘贴一层碳纤维后结构的极限承载力有明显的提高,但随着碳纤维厚度的增大,极限弯矩的增大幅度很小,加固0.45mm碳纤维相比未加固时极限弯矩提高了7.27%,加固0.3mm碳纤维相对提高了6.13%,加固0.15mm碳纤维相对提高了4.95%;加固0.3mm碳纤维相对加固0.15mm碳纤维提高了1.12%,加固0.45mm碳纤维相对加固0.3mm碳纤维提高了1.08%。所以,

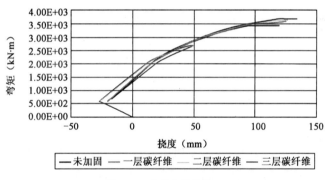

图3-22 荷载位移曲线

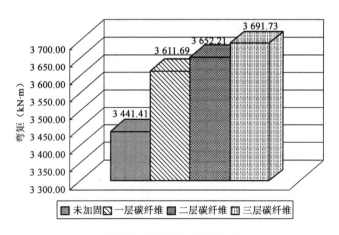

图3-23 极限弯矩柱形图对比

使用粘贴碳纤维加固法时,应从充分利用材料的角度出发,确定碳纤维的最佳粘贴厚度和面积,使得受压区混凝土达到其极限压应变和碳纤维达到其极限拉应变同时发生,此时受拉钢筋也屈服,从而完全发挥各种材料的性能;由图3-24可以看出,钢筋的屈服弯矩随着碳纤维厚度的增大而增大,但增大幅度较小,从而证明碳纤维加固措施在抑制钢筋屈服和裂缝的产生方面有一定效用,但效果不明显。

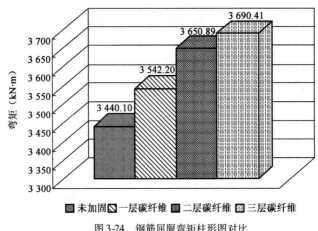

图3-24 钢筋屈服弯矩柱形图对比

(2)沿梁纵向挠度对比

由图3-25可知,在钢筋屈服前的同一弯矩下,随着碳纤维厚度的增大沿板长方向挠度略微变小,即刚度和承载力都有较小的提高;在极限状态下,挠度曲线

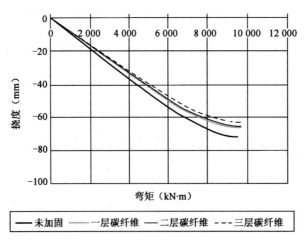

图3-25 不同弯矩下不同厚度碳纤维加固时梁挠度对比

对比如图 3-26 所示,由图可知加 0.15mm 碳纤维后,板最大跨中挠度值为 125.63mm;加 0.30mm 碳纤维后,板最大跨中挠度值为 126.65mm;加 0.45mm 碳纤维后,板最大跨中挠度值为 134.52mm;未加固时最大挠度值为 107.08mm。所以可以说,粘贴适量的碳纤维在提高梁板承载力的同时,改善了梁的延性,提高构件及整个结构的可靠度指标。

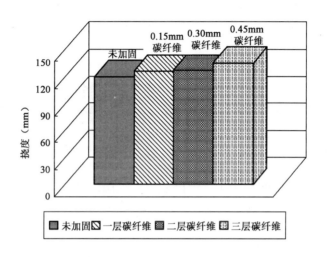

图 3-26　极限弯矩下不同厚度碳纤维加固梁跨中挠度柱形图对比

(3) 裂缝扩展对比

由图 3-27 可以看出,随着碳纤维厚度的增大,裂缝扩展区域无论是从梁高度方向还是梁纵向来看,都有略有减少的趋势,所以单从裂缝区域来看,粘贴碳纤维法加固措施在裂缝控制方面来说是有效果的,但效果不明显。

(4) 极限状态时梁纵向混凝土应力和碳纤维应力比

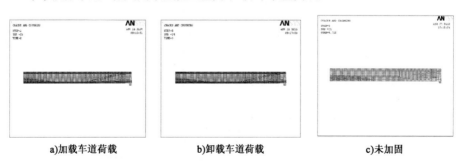

a) 加载车道荷载　　　b) 卸载车道荷载　　　c) 未加固

图 3-27

d) 加固0.15mm碳纤维　　　e) 加固0.3mm碳纤维　　　f) 加固0.45mm碳纤维

图 3-27　相同弯矩下裂缝扩展对比

由图 3-28 可知，上部混凝土结构在极限荷载下均未被压碎，值得注意的是随着加固碳纤维厚度的增大，混凝土板最大压应力略有减小，也就是说碳纤维的加固能够抑制混凝土被压碎及裂缝的进一步扩展，但效果不明显。

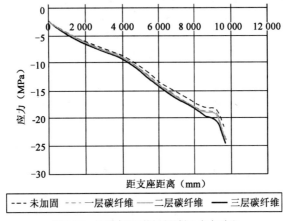

图 3-28　极限弯矩下梁顶混凝土应力对比

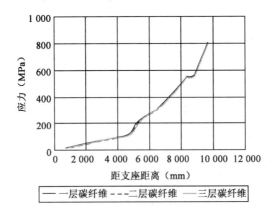

图 3-29　极限弯矩下碳纤维应力对比

由图3-29可以看出,在相同弯矩下,碳纤维应力沿板长度方向的分布并不是线性分布,且碳纤维的强度并未得到充分的发挥。

(5)分析结论

由以上建模分析可知,采用粘贴碳纤维加固法加固预应力混凝土空心板时,效果不显著,碳纤维的承载能力有效利用率较低,即粘贴碳纤维加固法不能有效提高空心板截面抗弯刚度。

3.5.2 粘贴钢板加固法力学规律分析

1)单元划分

由于实体单元结点多、自由度多,加之Solid65是一种非线性单元,计算迭代次数多。为了减少计算时间,在建模时引入对称性,采用1/2梁体进行计算,单元划分形式见图3-30~图3-31。

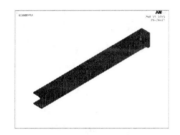
图3-30 计算模型

图3-31 约束情况

2)材料特性

混凝土和钢材本构关系如下图3-32、图3-33所示:

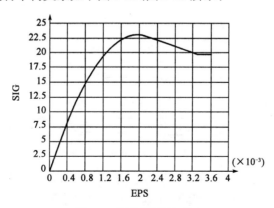
图3-32 混凝土本构关系图

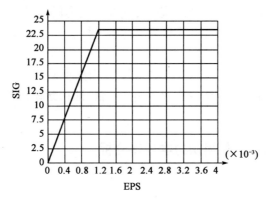

图 3-33 加固钢板本构关系

3)计算结果

(1)荷载位移曲线对比

由图 3-34 可以看出,相同挠度(100mm)下,加 8mm 钢板相比未加固时的极限抗弯承载力提高了大约 9.86%,加 6mm 钢板大约提高了 7.06%,加 4mm 钢板大约提高了 4.99%。加固钢板在提高结构的刚度方面是不显著的。本实例细致地模拟了实际加固过程,荷载步第三步时卸载车道荷载,卸载后存在 0.45mm 的残余变形。大部分桥梁结构都对桥梁的变形有要求,桥梁的变形即挠度如果过大,将大大影响交通的正常运行,所以挠度成为桥梁性能的一个重要指标。

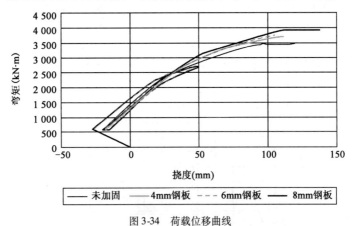

图 3-34 荷载位移曲线

从图 3-35、图 3-36 可以看出,结构的极限弯矩和相同挠度下弯矩均不相同,但是规律一致,随着加固钢板厚度的增大,极限弯矩也随之增大,同时,相同挠度时随钢板厚度增大结构所承受的弯矩也随之增大,故粘贴钢板法加固对于提高结构的刚度、延性和承载力效果都很显著。本实例从加固梁与未加固梁挠度的变化情况、钢板屈服应力和裂缝扩展三个方面研究了钢板加固效应。

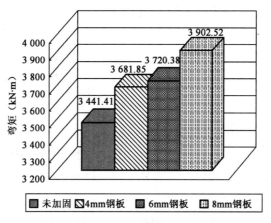

图 3-35　极限弯矩对比

(2)沿梁长纵向挠度对比

由图 3-37 可知,在钢板屈服前同一弯矩下,随着加固钢板厚度的增大挠度变小,即刚度和承载力都有所提高。在极限弯矩下,跨中挠度对比如图 3-38 所示,由图可知加 4mm 钢板后,桥面板最大挠度值为 114.70mm;加 6mm 钢板后,桥面板最大挠度值为 116.64mm;加 8mm 钢板后,桥面板最大挠度值为119.91mm;未加固时最大挠度值为 107.78mm。单从最大挠度值来看,粘贴钢板法在提高梁承载力的同时,改善了梁的延性,提高构件及整个结构的可靠度指标。

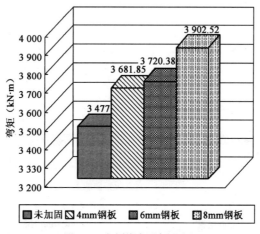

图 3-36　相同挠度下弯矩对比

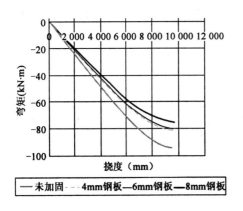
图3-37 相同弯矩下挠度对比

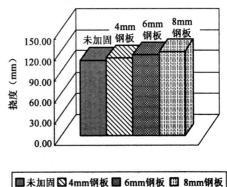
图3-38 极限弯矩下跨中挠度对比图

(3)裂缝扩展对比

由图3-39可看出,随着钢板厚度的增大,裂缝扩展区域无论是从板高度方向还是板纵向来看,都有减少的趋势,所以单从裂缝区域来看,粘贴钢板法加固措施在裂缝控制方面来说是比较有效的。

a)未加固

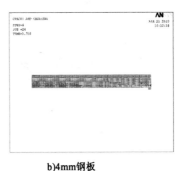
b)4mm钢板

c)6mm钢板　　　　　　　　d)8mm钢板

图3-39 相同弯矩下,加固不同钢板裂缝扩展对比

(4)梁纵向混凝土应力比较

由图 3-40 可以看出,在极限状态时,截面应力沿高度方向和长度方向均不是线性分布的。由下图 3-41 可以看出,在钢板屈服前同一弯矩下,钢板应力随着加固钢板厚度的增大而减小,即随着钢板厚度的增大结构承载能力和刚度在提高。

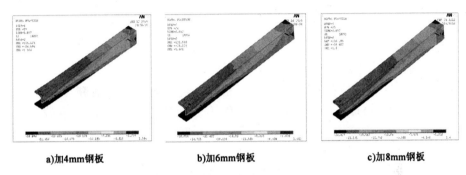

a)加4mm钢板　　　　　b)加6mm钢板　　　　　c)加8mm钢板

图 3-40　极限弯矩下,梁纵向混凝土应力云图

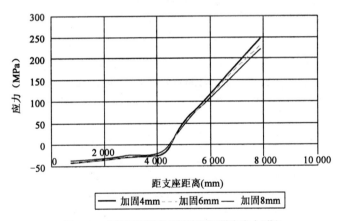

图 3-41　钢板屈服前的相同弯矩下纵向应力对比

3.5.3　增大截面加固法力学规律分析

1)荷载步划分

本实例增大截面法加固措施为上表面加固。本节模型通过反复调整网格密度、荷载步及子步数,在梁开裂初期及破坏阶段采用较小的荷载步及较多的子步数。其次,将收敛精度控制在 5% 以内,经反复试算得到收敛解。荷载步见表 3-4。

荷 载 步　　　　　　　　　　　　　　　表3-4

序号	1	2	3	4
荷载	自重+预应力	二期恒载+车道荷载	卸载	叠合层湿重
序号	5	6	7	
荷载	激活+删除湿重	二期恒载	二期加载	

2)计算结果

(1)荷载位移曲线

由图3-42荷载位移曲线可以得出,相同挠度下,未加固时研究对象空心板的极限承载为:3441.41kN·m,空心板增大截面的方法极限抗弯承载力为:3499.66kN·m,提高了约为1.69%;所以单从极限抗弯承载力一项来看,增大截面法加固效果不是很理想。本例题细致地模拟了实际加固过程,共分为7个荷载步。当卸载车道荷载和二期恒载后,由图3-39看出,本研究对象混凝土空心板卸载后存在0.45mm的微量残余变形,当加固后结构刚度显著增大。大部分桥梁结构都对桥梁的变形有要求,桥梁的变形即挠度如果过大,将大大影响交通的正常运行,所以挠度成为桥梁性能的一个重要指标。单从荷载位移曲线来看,加固后结构的抗弯极限弯矩与钢筋屈服弯矩均不相同,相同挠度的情况下,加固后结构的弯矩和钢筋屈服弯矩都有很大的提高,如图3-43~图3-44所示,分别提高1.69%和1.73%,即增大截面法有效地抑制了钢筋屈服和裂缝的产生,有效地增大了结构的延性。

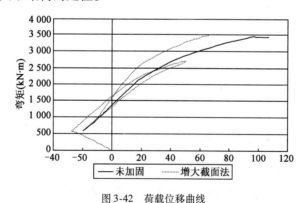

图3-42 荷载位移曲线

(2)沿板长度方向挠度对比

由图3-45a)可知,在预应力钢束屈服前同一弯矩下,加固后空心板梁的挠度明显变小,即预应力钢束屈服前,加固后结构刚度明显增大;由图3-45b)可知,未加固时跨中最大挠度值为107.78mm;上表面增大截面法加固后,跨中最大挠度值为68.68mm。增大截面法在提高梁承载力的同时,能够改善梁的刚性,提高构件及整个结构的可靠度指标。

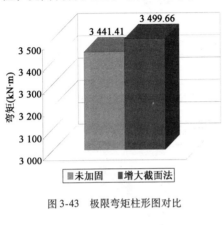

图3-43 极限弯矩柱形图对比

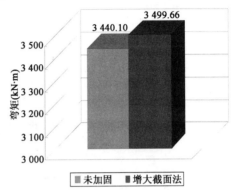

图3-44 钢筋屈服弯矩柱形图对比

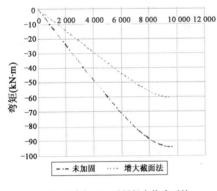

a)相同弯矩下,沿梁纵向挠度对比

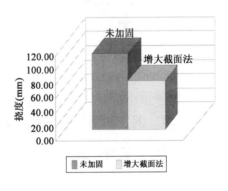

b)柱形图挠度对比

图3-45 挠度对比

(3)裂缝扩展对比

由图3-46可以看出,相同弯矩下未加固时跨中裂缝区域明显大于加固后跨中裂缝扩展区域,所以单从裂缝扩展区域来看,上表面增大截面法加固效果还是比较显著的。

(4)极限状态时沿板长度方向混凝土应力比较

由图3-47可以看出,在极限状态时,截面应力沿高度方向和长度方向均不是线性分布的。

 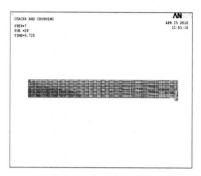

a)未加固　　　　　　　　　　b)上表面增大截面法加固

图3-46　相同弯矩下,裂缝扩展对比

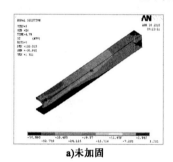 

a)未加固　　　　　　　　　　b)上表面增大截面法

图3-47　极限状态加固前后结构应力示意图

3.5.4　混合加固法力学规律分析

本书除了研究常用加固措施以外,进一步研究了混合加固措施的一些力学规律。

1) 混凝土和钢板混合加固效应研究

首先考虑混凝土和钢板混合加固效应,加固措施见表3-5。下面将从荷载位移曲线、挠度、钢板应力和裂缝扩展四个方面分述混合加固效应。

混凝土和钢板混合加固措施　　表3-5

加固措施编号	1	2	3
加固措施	增大截面法+粘贴4mm钢板	增大截面法+粘贴6mm钢板	增大截面法+粘贴8mm钢板

(1) 荷载位移曲线及极限承载能力对比

由图3-48可以明显的看到,四种加固措施下梁的刚度均大于未加固时的刚度,刚度提高效果很显著。计算数据也很能说明极限承载能力提高的幅度,由柱形图 3-49 可以得到,加固措施 1 比未加固时的极限承载能力提高了大约 3.99%,措施 2 提高了大约 5.98%,措施 3 相比提高了大约 11.09%;由柱形图 3-50 可以得到,加固钢板屈服时随着钢板厚度的增大梁所承受的弯矩也随之增大;由柱形图 3-51 可以得到,相同挠度时随着钢板厚度的增大梁所承受的弯矩也随之增大,故混凝土和钢板混合加固法能够显著提高结构的刚度。总之,混合加固法对提高结构的抗弯承载力及刚度有明显效果。

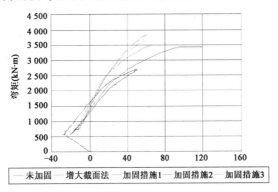

图 3-48 荷载位移曲线

(2)沿板长度方向挠度比较

由图 3-52 可知,在钢板屈服前同一弯矩下,随着加固钢板厚度的增大挠度变小,即刚度和承载力都有所提高;在极限弯矩时,跨中挠度柱形图对比见图 3-53 所示,由图可知加固措施 1,梁的最大挠度值为 57.93mm;加固措施 2,结构最大挠度值为 59.76mm;加固措施 3,结构最大挠度值为 60.05mm,所以可以说,随着钢板厚度的增大,梁的延性越来越好,混合加固措施在提高梁承载力的同时,能够改善梁的延性,提高构件及整个结构的可靠度指标。

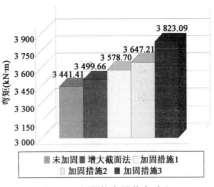

图 3-49 极限抗弯承载力对比

(3)相同弯矩下沿板长度方向钢板应力比较

由图 3-54 可以看出,在钢板屈服前同一弯矩下,钢板应力随着加固钢板厚度的增大而减小,即随着钢板厚度的增大结构承载能力和刚度在提高。由图 3-55 可以看出,在极限弯矩下,钢板均已达到屈服。由图 3-56 可以看出,在极限状态时,截面应力沿高度方向和长度方向均不是线性。

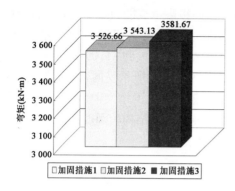

图3-50　钢板屈服时的弯矩对比

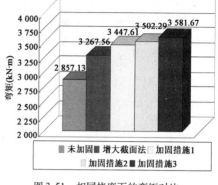

图3-51　相同挠度下的弯矩对比

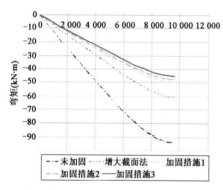

图3-52　相同弯矩下,沿板长度方向挠度对比

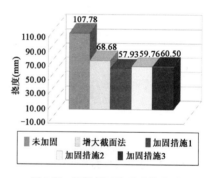

图3-53　极限弯矩下,跨中挠度对比

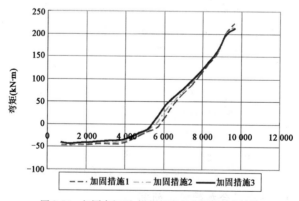

图3-54　相同弯矩下,沿板长度方向钢板应力比较

（4）裂缝扩展比较

由图3-57可以直观的看出,随着钢板厚度的增大,在相同弯矩下混凝土裂

缝扩展区域无论是在板高度方向还是长度方向都是在减小,所以单从裂缝扩展区域来看,混合加固效果还是很理想的。

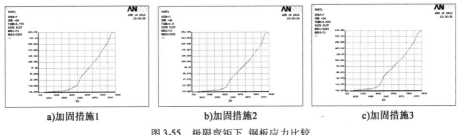

图 3-55　极限弯矩下,钢板应力比较

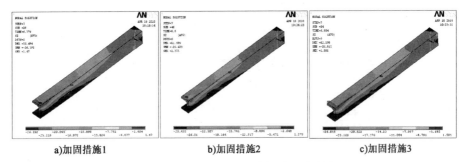

图 3-56　极限弯矩下,沿梁纵向混凝土应力图

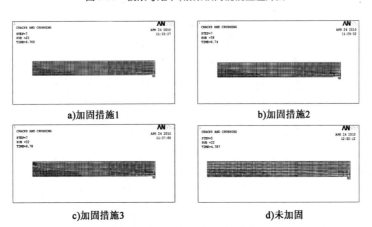

图 3-57　相同弯矩下,裂缝扩展对比

2)混凝土和碳纤维混合加固效应研究

研究进一步考虑混凝土和碳纤维混合加固效应,加固措施见表 3-6。下面将从荷载位移曲线、跨中挠度、钢板应力和裂缝扩展四个方面分述混合加固效应。

混凝土和碳纤维混合加固措施 表3-6

加固措施编号	1	2	3
加固措施	增大截面法+粘贴0.15mm碳纤维混合加固	增大截面法+粘贴0.3mm碳纤维混合加固	增大截面法+粘贴0.45mm碳纤维混合加固

(1) 荷载位移曲线及极限承载能力对比

由图3-58可以明显的看到,四种加固措施下梁的刚度均大于加固前的刚度,刚度提高效果很显著。卸载后产生的残余变形为0.45mm。

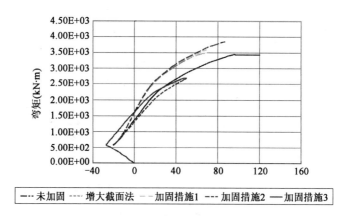

图3-58 荷载位移曲线

由图3-59可以看出,增大截面法比未加固时构件的极限承载力提高了大约1.69%,加固措施1比未加固时构件的极限承载力提高了大约2.05%,加固措施2比未加固时极限承载力提高了大约4.17%,加固措施3比未加固时极限承载力提高了大约8.29%。总的来说,碳纤维和混凝土混合加固效果还是比较明显的。

(2) 沿板长方向挠度变化对比

由图3-60可以看出随着碳纤维厚度的增大,沿梁纵向挠度变化有增大的趋势,即随着加固碳纤维厚度的增大,加固后梁的延性得到一定的改善。在极限状态下,跨中最大挠度对比如图3-61所示,由图可知加固措施1,构件最大挠度值为68.89mm;加固措施2,构件最大挠度值为69.07mm;加固措施3,构件最大挠度值为75.15mm。所以可以说,随着碳纤维厚度的增大,梁的延性越来越好,混合加固措施在提高梁承载力的同时,能够改善梁的延性,提高构件及整个结构的可靠度指标。

3 在役预应力混凝土桥梁加固方法有限元建模分析

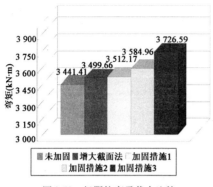

图 3-59 极限抗弯承载力比较

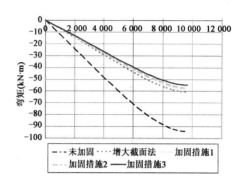

图 3-60 相同弯矩下,沿板长方向挠度变化对比

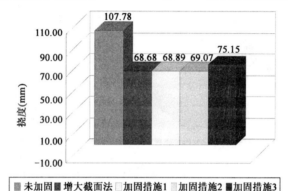

图 3-61 极限状态下,跨中最大挠度对比

图 3-62 可以看出,在相同弯矩下,混合加固后构件的裂缝甚至比未加固前裂缝严重,由此可见,此混合加固法在抑制裂缝方面没有显著效果。

(3) 梁纵向结构应力和碳纤维应力比较

由图 3-63 可以看出,在相同极限弯矩下,碳纤维应力沿构件纵向方向的分布并不是线性分布。

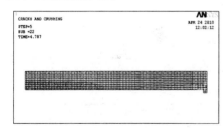

a) 未加固

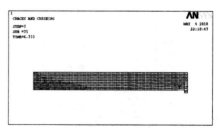

b) 加固措施1

图 3-62

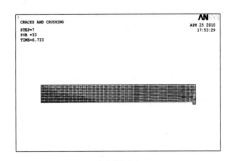
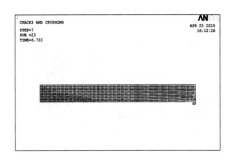

c)加固措施2　　　　　　　　　　　d)加固措施3

图 3-62　相同弯矩，裂缝扩展对比

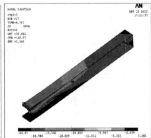

a)加固措施1　　　　　b)加固措施2　　　　　c)加固措施3

图 3-63　极限弯矩下，沿梁纵向结构应力图

由图 3-64 可以看出，在极限状态下，随着碳纤维厚度的增大其应力呈现增大的趋势，而且碳纤维并未得到充分的发挥。由图 3-65 可以看出，在钢筋屈服前同一弯矩下碳纤维应力随着碳纤维厚度的增大而减小，随着加固碳纤维厚度的增大，结构承载能力和刚度都有所提高。

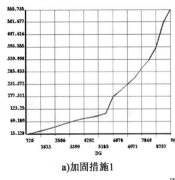
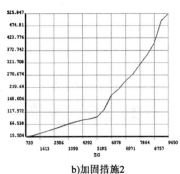

a)加固措施1　　　　　　　　　b)加固措施2

图 3-64

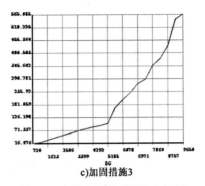

c)加固措施3

图 3-64 极限弯矩下,碳纤维应力对比

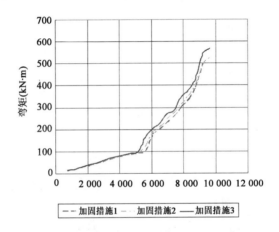

图 3-65 极限弯矩下,沿梁纵向碳纤维应力对比

3.6 体外预应力加固实例

3.6.1 桥梁加固前受力分析

桥梁上部结构为 55.9+90+55.9m 预应力混凝土连续刚构,主梁为单箱单室截面,箱梁顶面宽 12.0m,底面宽 6.0m,梁高为跨中 2.2m,桥墩处 5.4m,其间梁高按二次抛物线变化,断面尺寸如图 3-66 所示。

按平面杆系结构划分单元,采用 GQJS 程序建模计算,对桥梁受力特性进行分析结构单元离散图如图 3-67 所示。

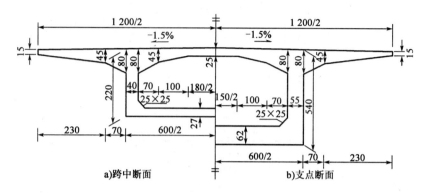

图3-66 箱梁一般横断面图(单位:mm)

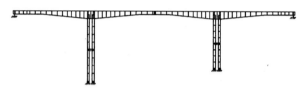

图3-67 结构单元离散图
(压应力为正,拉应力为负,单位:MPa)

1)持久状况预应力混凝土箱梁的法向应力验算

持久状况箱梁控制截面的最大法向应力(单位:MPa)　　表3-7

截面位置		第1跨		第2跨			第3跨	
		合龙块	1号块根部	1号块根部	跨中	1号块根部	1号块根部	合龙块
截面上、下缘	单元号	7	18	23	37	48	53	64
	节点号	7	19	23	37	49	53	65
上缘	组合1	6.46	6.51	6.66	10.91	6.60	6.51	6.49
	组合2	10.50	11.18	11.08	15.47	10.54	10.69	10.10
	组合3	10.38	11.09	11.04	15.37	10.62	10.66	10.02
	组合4	10.13	10.73	10.70	15.54	10.91	11.14	10.46
	组合5	10.02	10.64	10.66	15.44	10.99	11.10	10.38
	组合6	10.13	10.73	10.70	15.43	10.54	10.69	10.10
	组合7	10.02	10.64	10.66	15.32	10.62	10.66	10.02

续上表

截面位置		第1跨		第2跨			第3跨	
		合龙块	1号块根部	1号块根部	跨中	1号块根部	1号块根部	合龙块
下缘	组合1	7.07	7.59	7.98	6.08	8.12	7.59	6.99
	组合2	7.56	7.91	8.27	6.53	8.92	8.06	7.65
	组合3	7.87	8.07	8.40	6.87	8.89	8.15	7.88
	组合4	7.75	8.09	8.68	6.53	8.50	7.90	7.46
	组合5	8.06	8.24	8.81	6.87	8.47	7.99	7.70
	组合6	7.78	8.10	8.30	6.56	8.51	8.10	7.69
	组合7	8.08	8.20	8.43	6.99	8.49	8.19	7.92

持久状况箱梁控制截面的最大法向应力如表 3-7 所示,依据 JTG D62—2004 第 7.1.5 条规定,持久状况混凝土最大压应力不应大于 $0.5f_{ck}=0.5\times31.28=16$ MPa。由图 3-68 可见,箱梁中跨的跨中附近梁段混凝土最大压应力略大于容许值,其余梁段混凝土最大压应力符合 JTG D62—2004 第 7.1.5 条规定。

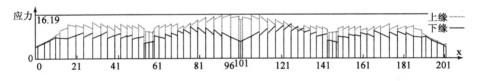

图 3-68 最大压应力 $\sigma_{max}=16.19$ MPa

2) 持久状况的正常使用极限状态计算

本项验算中,使用阶段荷载组合采用短期效应组合,各项荷载的分项系数为:汽车(不计冲击)系数 0.7,风载系数 0.75,梯度温差系数 0.8,其余各项的系数均为 1.0。最小法向应力示意如图 3-69 所示。

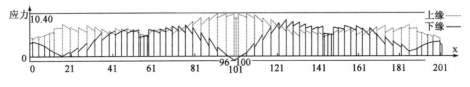

图 3-69 最小法向应力 $\sigma_{max}=-0.97$ MPa

由表3-8可知,边跨$0.80\sigma_{pc}-\sigma_{st}$的最小值>0,符合JTG D62—2004第6.3.1条规定。中跨的跨中区段截面上缘$0.80\sigma_{pc}-\sigma_{st}$的最小值<0,不符合JTG D62—2004第6.3.1条规定。持久状况箱梁正截面的抗裂性不符合JTG D62—2004的要求。

表3-8 持久状况箱梁控制截面的最小法向应力(单位:MPa)

截面位置		第1跨		第2跨		第3跨	
		合龙块	1号块根部	1号块根部	跨中	1号块根部	1号块根部	合龙块
截面上、下缘	单元号	7	18	23	36	48	53	64
	节点号	7	19	23	36	49	53	65
上缘	组合1	3.72	2.20	1.95	6.07	1.84	2.19	3.75
	组合2	6.81	5.77	5.52	9.17	5.01	5.64	6.75
	组合3	6.69	5.68	5.48	9.06	5.09	5.61	6.67
	组合4	6.70	5.63	5.19	9.17	5.35	5.77	6.85
	组合5	6.58	5.54	5.14	9.06	5.43	5.73	6.78
	组合6	6.69	5.61	5.49	9.09	5.33	5.61	6.72
	组合7	6.57	5.53	5.45	8.98	5.41	5.58	6.65
下缘	组合1	1.73	7.26	7.10	0.43	7.19	7.27	1.74
	组合2	0.89	6.43	6.55	-0.97	7.24	7.04	1.59
	组合3	1.20	6.59	6.68	-0.62	7.21	7.13	1.83
	组合4	1.52	6.98	7.03	-0.97	6.77	6.49	0.96
	组合5	1.83	7.14	7.15	-0.63	6.75	6.58	1.19
	组合6	1.52	6.98	7.02	-0.85	7.24	7.04	1.59
	组合7	1.83	7.14	7.15	-0.50	7.21	7.13	1.83

注:图中应力为$0.80\sigma_{pc}-\sigma_{st}$数值,压应力为正,拉应力为负。

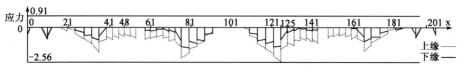

图3-70 最小主应力 $\sigma_{min}=-2.56\text{MPa}$

3 在役预应力混凝土桥梁加固方法有限元建模分析

依据 JTG D62—2004 第 6.3.1 条,要求主拉应力 $\sigma_{tp} \leqslant 0.4 f_{tk} = 1.1 \text{MPa}$。由表 3-9 及图 3-70 可知,箱梁主拉应力明显超过容许值,特别是在 7 号块和 8 号块结合部,因腹板厚度由 55cm 减至 40cm 且竖向力筋数量骤减一半,该段的主拉应力远大于容许值。持久状况箱梁斜截面的抗裂性不符合 JTG D62—2004 的要求。

持久状况箱梁斜截面的最小主应力(单位:MPa)　　表 3-9

斜截面位置	边 跨	中 跨
	7 号块与 8 号块的交界面	7 号块与 8 号块的交界面
组合 1	-1.48	-2.11
组合 2	-1.71	-2.56
组合 3	-1.73	-2.54
组合 4	-1.62	-2.43
组合 5	-1.64	-2.41
组合 6	-1.72	-2.44
组合 7	-1.73	-2.41

3)持久状况的承载能力极限状态计算

本项验算中,使用阶段荷载组合采用承载极限状态组合,各项荷载的分项系数和组合系数依据 JTG D60—2004 第 4.6.1 条取值,计算结果如表 3-10 所示。

本桥属于重要大桥,结构重要性系数 γ_0 取 1.1。按规范 JTG D62—2004 第 5.1.5 条,应满足:$\gamma_0 S \leqslant R$。最大、最小弯矩包络图及承载能力图如图 3-71～图 3-72 所示。

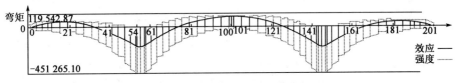

图 3-71　最大弯矩包络图和承载能力图

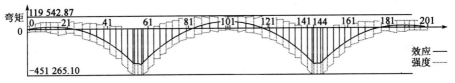

图 3-72　最小弯矩包络图和承载能力图

持久状况箱梁正截面抗弯承载力（单位：MPa）　　表3-10

截面位置			抗弯强度 M_d①	弯矩效应组合 $\gamma_0 M_u$②	比值 ①/②
桥跨	部位	单元号	节点号		
第1跨	合龙块	7	7	62586	50328	1.24
	1号块根部	18	19	-448630	-329323	1.36
第2跨	1号块根部	23	23	-448630	-333866	1.34
	跨中	36	36	111005	105674	1.05
	1号块根部	48	49	-448630	-334372	1.34
第3跨	1号块根部	53	53	-448630	-328080	1.37
	合龙块	64	65	62586	50227	1.25

前面对结构的验算是根据原设计图纸所做的。由于该桥已经营运多年，其目前的实际承载能力还应按旧桥承载能力鉴定方法来评估。依据交通运输部标准《公路旧桥承载能力鉴定方法（试行）》中的规定，该桥的旧桥检算系数应取为0.9，即旧桥的承载能力应按图纸计算值的90%考虑。

计入上述旧桥因素后，箱梁中跨的抗弯承载能力不符合规范要求，混凝土法向应力也不符合规范要求。

3.6.2　桥梁加固后受力分析

采用体外无黏结预应力技术加固方法，主要措施是在箱体内侧布置体外纵向预应力钢束来提高桥梁的承载力。

采用的体外预应力钢束均为腹板弯起束。腹板弯起束在中跨设置8束$19\phi_s 15.24$mm规格的低松弛钢绞线束，在两个边跨各设置8束$13\phi_s 15.24$mm规格的低松弛钢绞线束。每跨体外预应力钢束均分四组弯起，于墩顶交叉锚固于墩顶横隔板上，于梁端锚固于混凝土斜锚块上，在各跨跨中区域，腹板束靠近底板，在各主墩墩顶区域，腹板束沿梁顶板布设。所有体外预应力钢束均采用钻孔的方式通过主墩横隔板。体外预应力钢束张拉力取钢绞线标准强度的60%，单根钢绞线张拉力约为153kN。

1）持久状况应力验算结果

依据JTG D62—2004第7.1.5条规定，持久状况混凝土最大压应力不应大于$0.5 f_{ck} = 0.5 \times 31.28 = 16$MPa。由表3-11可知，箱梁混凝土最大法向压应力符合JTG D62—2004规范要求。

持久状况箱梁控制截面的最大法向应力（单位：MPa） 表3-11

截面位置		第1跨		第2跨			第3跨	
		合龙块	1号块根部	1号块根部	跨中	1号块根部	1号块根部	合龙块
截面上、下缘	单元号	7	18	23	37	48	53	64
	节点号	7	19	23	37	49	53	65
上缘	组合1	6.08	8.65	9.79	10.52	9.71	8.65	6.08
	组合2	10.15	13.34	14.23	15.18	13.68	12.86	9.75
	组合3	10.03	13.25	14.19	15.06	13.76	12.82	9.67
	组合4	9.78	12.89	13.85	15.18	14.05	13.30	10.12
	组合5	9.66	12.80	13.81	15.07	14.13	13.27	10.04
	组合6	9.78	12.89	13.85	15.10	13.68	12.86	9.75
	组合7	9.66	12.80	13.81	14.99	13.76	12.83	9.67
下缘	组合1	11.40	7.02	7.14	9.65	7.29	7.02	11.33
	组合2	11.89	7.35	7.44	10.11	8.09	7.49	11.99
	组合3	12.20	7.51	7.57	10.45	8.07	7.59	12.22
	组合4	12.09	7.52	7.85	10.11	7.67	7.33	11.80
	组合5	12.40	7.68	7.98	10.45	7.64	7.42	12.04
	组合6	12.11	7.54	7.47	10.23	7.69	7.53	12.03
	组合7	12.42	7.70	7.60	10.57	7.66	7.62	12.26

2) 持久状况的正常使用极限状态验算

由图3-73可见，箱梁各截面 $0.80\sigma_{pc} - \sigma_{st}$ 的最小值均大于0，符合 JTG D62—2004 第6.3.1条规定。并且最小压应力储备在1.69MPa以上，与加固前相比，正截面抗裂性有了较大的提高，加固效果明显。

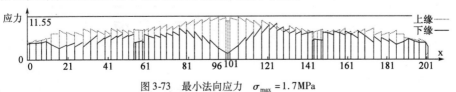

图3-73　最小法向应力　$\sigma_{max} = 1.7$MPa

依据 JTG D62—2004 第 6.3.1 条,要求主拉应力 $\sigma_{tp} \leqslant 0.4 f_{tk} = 1.1 \mathrm{MPa}$。由于表 3-12 中的计算值尚未计入普通钢筋的有利影响,因此箱梁主拉应力不超过容许值,与加固前相比,斜截面抗裂性有了较大的提高,加固效果明显。

持久状况箱梁斜截面的最小主应力(单位:MPa) 表 3-12

斜截面位置	边跨	中跨
	7号块与8号块的交界面	7号块与8号块的交界面
组合1	-0.78	-1.02
组合2	-1.02	-1.15
组合3	-0.99	-1.18
组合4	-1.06	-1.08
组合5	-1.02	-1.10
组合6	-0.96	-1.08
组合7	-0.99	-1.12

3)持久状况的承载能力极限状态计算

持久状况承载能力极限状态计算的最大、最小弯矩包络图及承载能力图如图 3-74~图 3-75 所示。

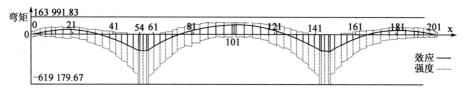

图 3-74 最大弯矩包络图和承载能力图

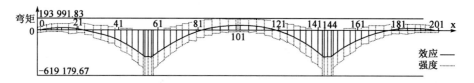

图 3-75 最小弯矩包络图和承载能力图

持久状况箱梁正截面抗弯承载力(单位:MPa) 表 3-13

桥跨	截面位置			抗弯强度 M_d ①	弯矩效应组合 $\gamma_0 M_u$ ②	比值 ①/②
	部位	单元号	节点号			
第1跨	合龙块	7	7	90 834	53 564	1.696
	1号块根部	18	19	-508 049	-337 788	1.504

续上表

桥跨	截面位置			抗弯强度 M_d①	弯矩效应组合 $\gamma_0 M_u$②	比值 ①/②
	部位	单元号	节点号			
第2跨	1号块根部	23	23	-530 704	-346 190	1.533
	跨中	36	36	152 833	120 259	1.271
	1号块根部	48	49	-530 704	-347 157	1.529
第3跨	1号块根部	53	53	-508 049	-336 241	1.511
	合龙块	64	65	90 834	53 490	1.698

由表 3-13 可知,箱梁正截面的抗弯承载力符合 JTG D62—2004 第 5.2.3 条和第 5.2.2 条的规定,与加固前相比,安全储备有明显提高。

3.6.3 加固前后对比分析

由图 3-76 ~ 图 3-77 可以看出,加固后各截面上下缘最大法向应力比加固前有所降低,且经过加固后跨中附近混凝土最大压应力为 15.18MPa < 16MPa,满足规范要求。

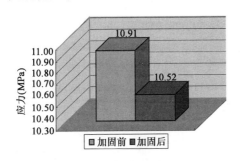

图 3-76 混凝土上缘最大压应力对比图

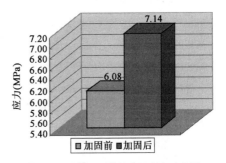

图 3-77 混凝土下缘最大压应力对比图

由图 3-78 ~ 图 3-79 可以看出,加固后各斜截面主拉应力比加固前有所降低,考虑普通钢筋作用后,各控制截面最小主拉应力均小于 1.1MPa,满足规范要求,故加固后混凝土斜截面抗裂性有较大提高。

由图 3-80 ~ 图 3-81 可以看出,采用体外预应力加固后,边跨、中跨跨中正截面抗弯承载力分别提高了 45% 和 38%,且加固后承载力有足够的安全储备。

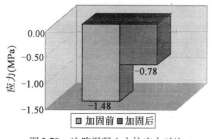

图 3-78 边跨混凝土主拉应力对比

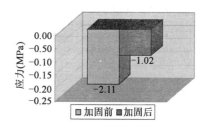

图 3-79 中跨混凝土主拉应力对比

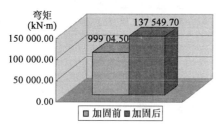

图 3-80 边跨正截面抗弯承载力对比

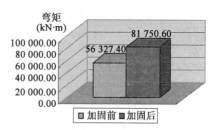

图 3-81 中跨正截面抗弯承载力对比

3.7 加固效果分析建议

(1)本研究对加固方法选用原则提出了合理化建议:采用加固方案之前,须先考虑耗费少、功效快、不中断交通、技术上可行、有较好耐久性等方面的要求。桥梁加固工作一般以不更改原结构形式为原则,在兼顾经济性的前提下,只有在较复杂的情况下,才可考虑更改结构形式。如果采用补强加固的方式仍不能达到交通运输要求,则必须考虑进行重建桥梁的部分或全部。选择桥梁加固方式时,必须考虑旧桥现状、承载能力减弱的程度以及日后交通量,最好参考已经成功完成补强加固的桥梁的施工。

(2)对于常见的加固措施效果研究比对如下并提出相关建议:通过对三种截面形式的桥梁进行加固前后对比研究,碳纤维加固措施除了材料费用高外,各种优势尽显其中,主要表现在自重轻,便于施工,且对于提高结构的极限承载能力、刚度、延性、抗裂能力方面效果都很显著,材料自身几乎不增加重量且强度高,固化后的碳纤维强度比钢材高十几倍,所以要充分发挥加固材料的强度,粘贴碳纤维需要加固构件产生更大的形变。在小变形情况下,粘贴碳纤维加固应力滞后比粘贴钢板大,所以当构件承载力相差较多时,应优先选用粘钢加固。碳纤维有很多种,其中 PNA 基碳纤维具有优异的物理力学性能、良好的黏合性、耐热性及抗腐蚀性等特点,非常适用于桥梁加固领域。碳纤维材料的这些特点以及本书所研究得出的相关结论,碳纤维加固方法在实际工程中值得积极推广和应用。

(3)粘贴钢板加固桥梁是一项技术性强、要求高、行之有效的桥梁加固补强方法,其施工周期短、进度快、不需要大型设备、不需要很大的作业空间、不中断交通节省投资,对通车工期要求严格的桥梁是一种行之有效的加固补强技术手段。但用钢量大,湿作业工作量大,加固维修费用较高,要求环境温度不高于60℃,相对湿度不大于70%,无化学腐蚀,且对施工工艺要求较高。适用于使用上不允许显著增大原构件截面尺寸,但又要求大幅度提高其承载能力的混凝土结构加固,且适用于承受静力作用且处于正常湿度环境中的受弯或受拉构件的加固。

(4)一般情况下,对结构承载力没有影响的表面裂缝,为了保证结构的耐久性和美观性,可以采用表面处理法、压力灌浆法、填充法等方法封闭裂缝。对结构承载力有较大影响的,除了封闭裂缝之外,还要加固结构,可采取喷射混凝土加固法、加大截面法、包钢法、粘钢法、粘贴碳纤维布法等提高结构的承载力。其中加大截面法应用广泛,历史也较长,主要是因为此法加固处理裂缝价格低廉,至少节约造价 1/3。对于这种加固措施效果经研究得出,对于提高结构极限承载能力和抑制裂缝扩展程度来说,效果并没有其他的加固措施好,而且这种方法主要缺点在于结构尺寸改变较大,有碍观瞻,施工现场湿作业时间长,对生产有一定影响,且增加了结构自重,增大了截面尺寸,减小了使用空间,而且存在着新老混凝土截面处理以及几何不协调的问题,并应避免使结构加固后的固有频率进入地震或风震的频率共振区域,造成新的破坏。这种方法由于加厚桥面使桥梁自重和恒载弯矩增加较多,一般只适用于跨径较小的 T 形梁、π 形梁或板梁等。

综上所述,桥梁加固的方法种类较多,每一种加固方法都有不同的适用性及局限性。实践中我们要仔细进行方案比选,可采用一种或几种方法组合,从而使加固效果达到优化。桥梁加固应尽量减少对原有结构的损伤,并充分利用原有的结构构件,且应保证原有结构保留部分的安全性与耐久性。

4 预应力混凝土桥梁加固设计关键技术

4.1 预应力混凝土桥梁常用加固技术综述

4.1.1 加固的一般原则

桥梁结构由于种种原因不能满足使用的安全性、耐久性要求,经过检测与试验,破损严重者,必须进行加固处理。旧桥加固技术通过对桥梁构件的补强和改善结构性能,达到恢复和提高桥梁承载能力、延长使用寿命、适应现代交通的目的。对旧桥进行加固,应根据桥梁状况的不同,采用不同的方法,但各种加固方法都应遵循以下原则:

(1)尽量减少对原结构的损伤;
(2)技术可靠,具有长期加固效应,能满足结构耐久性要求;
(3)施工设备简单,施工操作方便;
(4)材料用量少,费用低;
(5)养护工作量少;
(6)加固施工时尽量不中断交通。

4.1.2 常用加固技术

1)增大截面加固法

增大混凝土截面加固技术是在原结构基础上再浇筑一定厚度的钢筋混凝土,这是对钢筋混凝土桥加固的一种常用的改造技术。增大混凝土截面一般采用两种方式:一种是加厚桥面板;另一种是加大主梁肋的高度和宽度。加厚桥面板进行补强时,先将原桥面铺装层凿除,在桥面板上浇筑一层新的混凝土补强层,使其与原T梁形成组合断面,用以提高抗弯刚度以达到补强的效果。后者则使梁肋下缘采用钢筋混凝土加宽加高,通常是在加大的下缘混凝土截面中加设主筋,用以提高截面的承载力,达到补强加固的效果,该方法仅适用于具有梁肋的桥梁加固,对于板梁、箱梁不宜实施。但是此方法只对较小跨径的T梁桥或板桥较为适用。

增大截面加固法对提高结构的强度和刚度都非常有效,如果混凝土中受拉钢筋不足且桥下净空不受限制时,可从板底或拱圈下方加大截面(如采用喷射混凝土的加固方法)对原结构进行加固。如果受拉钢筋配置足够,也可从梁板顶面加大截面(如在旧桥加固改造时凿除原混凝土铺装,并通过种植钢筋技术,新筑混凝土铺装层),这样就增大了结构的截面面积,大大提高了结构的整体受力性能,使上部各梁板的内力分配发生本质的变化,受力更加均匀,有效减小了受力较大梁板的内力,这与提高上部结构承载力有异曲同工之效。但由于此法或多或少地增大了结构自重,使基础受力增大,因而采用此法加固上部结构时必须注意可能出现的地基承载力不足及其连锁反应。

(1)加固梁的受力特征

如图4-1a)所示T形梁,原配筋率较低,其混凝土受压区高度较小,因此在受拉区增补纵向钢筋并补浇混凝土层,从而提高梁的抗弯承载力,或在结构的受拉区(原板的上面)补配钢筋和补浇混凝土,见图4-2b)。用增大截面法加固某梁,在浇捣后浇层前(加固前),原梁上作用有弯矩M_1(见图4-2a));待后浇层中的混凝土达到设计强度后,梁进入整体工作阶段,有新作用的弯矩M_2(见图4-2b));在总弯矩$M_1 + M_2$的作用下,已加固梁的截面应力如图4-2c)所示。由图4-2c)可以看出,加固梁与一次整浇梁的应力图有很大差异,主要表现有以下两点:

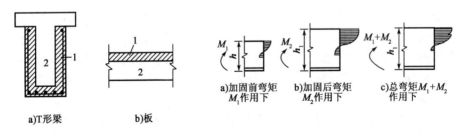

a)T形梁　　　b)板

图4-1　不同构件补浇混凝土位置
1-新浇混凝土;2-原构件

a)加固前弯矩M_1作用下　　b)加固后弯矩M_2作用下　　c)总弯矩M_1+M_2作用下

图4-2　加固梁各阶段的截面应力

①加固梁与截面尺寸、材料、加荷方式均相同的整浇梁相比,加固梁的后浇层是在弯矩M_1之后才开始参加工作的,因此后浇层的压应变比相对应的整浇梁的压应变小,结果是在受压边缘的混凝土被压碎时,构件的挠度、裂缝都较整浇梁大得多。

②在弯矩 M_1 作用下，由于原梁的截面高度较对应整浇梁的截面高度小，所以在原梁上产生的钢筋应力 σ_1、挠度 f_1 都较对应的整浇梁构件大得多。后浇层中的混凝土达到设计强度后，加固梁的中和轴上移，使原梁部分受压区变为 M_2 受力过程中的受拉区，于是原受压区的压力对加固梁的作用相当于预应力构件中的预压应力，荷载预应力可以减少在弯矩 M_2 作用下引起的钢筋应力增量和挠度增量。尽管在 M_2 作用下钢筋应力和挠度增量都小于相应的整浇梁，但终因在 M_1 作用下，原梁中的应力较整浇梁大得多，使加固梁的钢筋应力、挠度和裂缝宽度在整个受力过程中，始终较相应的整浇梁大，以致受拉钢筋的应力在比整浇梁低的多的弯矩作用下就可能达到极限。

③加固结构的受力性能与一般未经加固的普通结构有较大的差异，加固往往是在原结构不卸荷或卸去部分荷载的情况下进行的。其原因在于：一是为了不影响生产和生活；二是结构自重对于被加固构件来说也是一种外荷载。因此，加固结构属于二次受力结构。加固时原构件在已有荷载作用下已处于某应力、应变水平（第一次受力），而新加部分在新增荷载时，即第二次加载下才开始受力，所以新加部分的应力、应变滞后于原结构的应力、应变，新、旧结构不能同时达到应力峰值。另外，加固结构新、旧两部分是通过其结合面以及箍筋来传递荷载、分布内力，因而存在共同工作问题。由上所述，对于受拉区加大截面法加固后的梁，所增加的截面高度、钢筋面积以及加固前梁原受力状态和结合面工作情况是影响其承载能力的重要因素。

从现行的《混凝土结构加固设计规范》（GB 50367—2006）中我们可以得知，如果满足了该规范关于增大截面加固法构造的规定，即可认为原构件与新增部分的结合面能可靠地传力、协同工作。因此，对于加固后的受弯构件正截面承载力可以近似地按照一次受力构件计算。同时，规范考虑到新增主筋在连接构造上和受力状态上不可避免地要受到种种影响因素的综合作用，从而有可能导致其强度难以充分发挥，故对新增钢筋的强度进行了折减，折减系数为 $\alpha_a = 0.9$。

为进行分析，参照《混凝土结构设计规范》（GB 50010—2001）和《混凝土结构加固设计规范》（GB 50367—2006），作出以下假定。

①试验表明，加固时对构件新、旧部分的结合面采取适当的措施，则加固后二者共同工作时，其结合面无黏结错动，加大截面后的全截面仍保持为平截面。也就是说，加固梁的平均截面变形在加固前后分别符合平截面假定。

②由于混凝土的抗拉作用对加固梁承载力的影响甚小，因此不予考虑。

③混凝土非均匀受压时的应力-应变的关系曲线可依据规范采用典型化的

混凝土应力-应变曲线,即二次抛物线和水平线的组合曲线,如图4-3所示。

④受压及受拉钢筋采用理想弹-塑性的应力-应变关系,其关系图如图4-4所示。

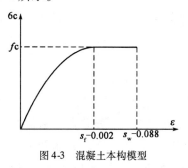

图4-3 混凝土本构模型　　　　　图4-4 钢筋本构模型

⑤当受压区混凝土最外边缘纤维达到极限压应变时,就认为加固梁发生破坏。

⑥新加部分的应力在新增荷载即第二次所加荷载的作用下开始产生。

(2)设计要求

加大截面加固法在设计构造方面必须解决好新加部分与原有部分的整体工作共同受力问题。试验研究表明,加固结构在受力过程中,结合面会出现拉、压、弯、剪等各种复杂应用,其中关键是剪力和拉力。在弹性阶段,结合面的剪应力和法向拉应力主要是靠结合面两边新旧混凝土的黏结强度承担;开裂后极限状态下,则主要是通过贯穿结合面的锚筋或锚栓所产生的被动剪切摩擦力传递。由于结合面混凝土的黏结抗剪强度及法向黏结抗拉强度远远低于混凝土本身强度,因此结合面是加固结构受力时的薄弱环节。对结合面,从设计构造上配置足够的贯穿于结合面的剪切摩擦筋或锚固件将两部分连接起来,是确保结合面能有效传力,并使新旧两部分能整体共同工作的关键。

2)粘贴碳纤维加固法

粘贴碳纤维加固技术是一种新型的桥梁加固改造技术。碳纤维加固钢筋混凝土抗弯构件。钢筋混凝土受弯构件的抗弯加固,是通过将碳纤维粘贴于构件受拉区,代替或补充钢筋的受拉性能,从而提高构件的抗弯承载力。粘贴碳纤维后,在构件受拉区混凝土开裂前,碳纤维的应变很小;在混凝土开裂后,碳纤维逐渐参与共同工作,应变增长加快;而在钢筋屈服后,碳纤维板充分发挥作用,其高强高效的性能得以充分体现。

碳纤维加固钢筋混凝土抗剪构件。钢筋混凝土的抗剪加固,是将碳纤维粘贴于构件的受剪区,这里碳纤维的作用类似于箍筋。在构件屈服前,碳纤维的应变发展缓慢,所达到的最大应变值也较小;在构件屈服后,箍筋的作用逐渐被碳纤维代替,碳纤维的应变发展加快,应变值要高于箍筋的应变值,而箍筋所起的约束作用减小,其应变发展缓慢。

  碳纤维加固钢筋混凝土抗震柱。碳纤维的主要作用是对其内部混凝土起到了约束作用,这种约束是一种被动约束,随着混凝土柱轴向压力的增大,横向膨胀促使外包碳纤维布产生环向伸长,从而提高侧向约束力。约束机制取决于两个因素:混凝土的横向膨胀性能和外包碳纤维的环向约束能力。碳纤维布约束混凝土表现出两阶段受力过程:第一阶段,混凝土处于类似素混凝土的线弹性阶段,横向变形小,故碳纤维横向变形也很小,分界点在素混凝土峰值应力附近;第二阶段,构件达到极限承载力后,混凝土横向膨胀变形急剧增加,碳纤维环向应变显著增长,环向约束力增加,混凝土极限压应变得以提高,因而推迟了受压区混凝土的压碎,充分发挥了纵向钢筋的塑性变形性能,显著改善了构件的延性。

  但必须注意,由于碳纤维布或片板都非常薄,此法对结构刚度的提高非常有限,对拉应力的降低效果及对混凝土裂缝的抑制作用都不明显;对于原来配筋率较低的梁板或梁高较大的上部结构,在其强度还未充分发挥之前,将可能已被拉断而失效。因此,此加固方法仅适用于截面高度较小,原配筋率适中的梁板。

(1) 适用范围

  粘贴碳纤维片材具有轻质高强、操作简单、易于粘贴、不锈蚀、耐疲劳性能好等优点,可用于抗弯、抗剪、抗压(偏心受压)及抗震等多种形式的加固。

  该方法适用于混凝土梁桥、板桥的抗弯和抗剪加固。对于配筋率较低或钢筋锈蚀严重的旧桥,加固效果尤为显著;还特别适用于墩柱的抗剪、抗压补强,抗震延性补强以及地震破坏后的修复,其适用性见表4-1。

碳纤维加固适用性 表4-1

构件类型	加固类型	适用性
T形梁桥加固	抗弯	适用
	抗剪	非常适用
板梁加固	抗弯	使用
	抗剪	—
墩柱加固	抗剪	非常适用
	抗偏压	非常适用
	抗震	适用

另外,采用粘贴碳纤维进行构件的受弯和受剪加固时,被加固的混凝土结构的实际强度等级不应低于C15;采用封闭粘贴碳纤维加固混凝土柱时,混凝土强度等级不应低于C10。施工温度在5~35℃以内,相对湿度不大于70%。

(2)设计要求

①一般规定

a.当纤维复合材料加固受压柱时,原构件混凝土强度等级不应低于C15。

采用碳纤维复合材料加固板、梁时,混凝土强度等级不宜低于C25;采用芳纶复合材料、玻璃纤维复合材料时,混凝土强度等级不宜低于C20。

b.采用纤维复合材料加固时,必须将纤维复合材料与构件牢固的黏结在一起,变形协调,共同受力。

c.加固时宜卸除作用在结构上的部分荷载。

d.结构设计计算,必须进行分阶段进行受力和整桥结构验算。

e.加固后构件的承载能力由原构件中受拉钢筋(预应力钢束)或受压混凝土达到其强度设计值控制。

f.采用纤维复合材料加固受弯构件时,其破坏形式应为正截面破坏先于斜截面破坏。

g.墩柱延性不足时,应采用全长无间隔环向连续纤维复合材料加固,即环向围束法加固。

h.必要时应采取可靠的锚固措施。

粘贴碳纤维加固计算应参考《公路桥梁加固施工技术规范》(JTG/T J23—2008)。

②技术应用

a.梁、板:受弯构件受拉区补强(跨中下部,连续梁、板支座上部)—通长粘贴。按需要进行设计确定粘贴层数。受拉区裂缝可在灌缝后贴碳纤维片密封,以控制裂缝的继续扩展。

b.梁:抗剪补强—对于主拉应力产生的斜裂缝,在梁侧垂直轴线粘贴碳纤维片,必要时可交叉粘贴单向纤维片。

c.柱、桥墩中心受压、偏心受压、承受横向力构件中心受压构件补强—柱中部环包,增强对混凝土的约束,提高抗压强度;偏心受压构件和抗震补强—柱四面纵向粘贴抗弯补强;墩柱的塑性铰区域的抗弯补强;柱受侧向力时的抗剪补强—柱端环包(相当箍筋加密);抗震柱结构的延性补强—抗弯、抗剪补强联合。

d.剪力墙—单面或双面沿抗剪钢筋方向粘贴碳纤维片。

e.密封功能—骑缝粘贴碳纤维片,使碳纤维与混凝土共同工作,延长混凝土构件的使用寿命。

3）粘贴钢板（筋）加固法

粘贴钢板加固法一般用环氧树脂或建筑结构胶将钢板、型钢等抗拉强度高的材料粘贴在钢筋混凝土等既有结构构件的缺陷和薄弱部位表面，并用螺栓固定，使之与结构形成整体，薄钢板与混凝土整体协同工作、共同受力，从而起到增设补强钢筋的作用，提高构件的抗弯、抗剪能力，抑制构件裂缝扩展。

常用的胶黏剂以环氧树脂为主配成。这种方法的优点是施工工期短，施工时可以不动火，加固后几乎不改变构件的外形和使用空间，却能大大提高结构构件的承载力和正常使用阶段的性能，这种方法通常是将钢板黏于梁底受拉区，可提高梁的正截面承载力，将钢板黏于梁侧可提高梁的斜截面承载力，这种方法常被用于加固承受静力荷载的受弯、受拉构件，但是它要求混凝土强度不低于C15，环境温度不高于60℃，相对湿度不大于70%，且无化学腐蚀。粘贴钢板对施工工艺要求较高，一般应由专业队伍施工。此法可用于提高桥梁上部结构的抗弯及抗剪承载力，同时可在一定程度上提高结构刚度，减小挠度，提高截面的抗裂度。但由于钢板厚度有限，一般不超过1cm，因而它对刚度的提高效果并不显著，如果能与加大截面法联合应用，则加固效果将大大提高。

（1）加固原理

一般情况，在加固前一期恒载等作用下，原构件混凝土及钢筋已经具备了一定的应力和应变，在加固后的二期恒载和活载作用下，原构件混凝土及钢筋的应力、应变积累值往往大于新增混凝土及钢板或钢筋内产生的应力和应变值，使得原构件的钢筋达到破坏时，新增钢板或钢筋的强度得不到充分发挥。因此粘贴钢板作用效应宜分阶段进行受力计算：①粘贴钢板前，在构件自重作用下截面内各材料的应力强度计算；②粘贴钢板后，在后期荷载作用下截面内各材料的应力强度计算。

传力机理：混凝土截面受拉边缘正应力通过黏结胶与混凝土粘贴面的剪切应力传递给黏结胶层，然后黏结胶顶面的剪应力又通过与钢板粘贴面的剪切应力传递给钢板。因此能否保证混凝土拉应力传给钢板，以上两个粘贴面的剪切强度是关键。

该加固法是采用环氧树脂系列黏结剂将钢板粘贴在钢筋混凝土结构物的受拉边缘或薄弱部位（或采用带锚栓粘贴钢板），使之与原结构物形成整体共同受力，以提高其强度，改善原结构的钢筋及混凝土的应力状态。在对桥梁进行分析后，根据缺陷所在的部位，确定钢板的规格和粘贴部位及形式。为了提高桥梁结构的抗弯能力，一般在构件的受拉边缘的表面粘贴钢板，使钢板与原结构形成整体来受力,如图 4-5 所示。

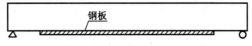

图 4-5 受拉区粘贴钢板

当桥梁结构的抗剪钢筋不足时,为了加固和提高结构的抗剪强度,可将钢板粘贴在结构的侧面,以承受主拉应力,如图 4-6 所示。

图 4-6 侧面粘贴钢板

(2)设计要求

①选择技术成熟、施工方便、造价低廉、干扰运营少的粘贴钢板加固法。

②不考虑预应力的作用,按普通钢筋混凝土结构设计,恒载力矩由原有的普通钢筋和预应力钢筋承担,活载力矩则由原有钢筋和新增设的钢板共同承担。

③设计时按桥面铺装允许亏耗 20mm,防撞墙不参于工作计算。

④原有钢筋及钢绞线活载下应力增量小于 80MPa,最大应力小于 180MPa;新增钢板活载下应力小于 80MPa。

4)体外预应力加固法

体外预应力加固的施力工具通常采用粗钢筋、钢绞线、高强钢丝等材料,其机理现以桥梁为例来说,在体外对桥梁上部结构施加预应力,以预应力产生的反弯矩部分抵消外荷载产生的内力,从而达到改善桥梁使用性能并提高承载能力的目的。

(1)加固原理

体外预应力加固的施力工具通常采用粗钢筋、钢绞线、高强钢丝等材料,其机理为:在体外对桥梁上部结构施加预应力,以预应力产生的反弯矩部分抵消外荷载产生的内力,从而达到改善桥梁使用性能并提高承载能力的目的。

体外预应力筋结构加固后属于二次组合结构。加固前,结构已有载荷作用(即第一次受力),原结构存在一定的压缩(或弯曲)变形,混凝土已经基本完成收缩变形。而加固是在未卸荷载情况下进行的,新加部分在新增荷载(第二次加载)作用下受力,导致了新加部分的应力、应变滞后于原结构的应力、应变。新、旧结构变形不能同时达到应力峰值,破坏时新加部分可能达不到自身的极限状态。当原构件在施工时的应力过高、变形较大,有可能使新加部分的应力水平较低,可能起不到加固的效果,因此要加强新、旧混凝土共同工作。处于临界破坏状态的加固结构，新、旧混凝土结合面的应力是比较复杂的，尤其对于受弯构件和偏心受压构件。结合面剪力是否能有效进行传递，是新、旧材料共同工作的关键。许多试验表明，新、旧混凝土结合面的抗剪强度远远低于整浇混凝土的抗剪强度，新混凝土的收缩、徐变、弹性变形、塑性变形等都与原结构存在差异，容易产生裂缝。同时，结合面上的抗渗、抗冻性能也比较差。为了确保结构能够安全的工作，保证结构的可靠性与耐久性，需要进行相应的抗剪验算，即

$$\tau \leqslant f_v + 0.56 f_y \rho_{sv} \tag{4-1}$$

式中：τ——剪应力设计值；

f_v——混凝土抗剪强度设计值；

f_y——剪切摩擦筋抗拉强度设计值；

ρ_{sv}——横贯结合面的剪切-摩擦筋配筋率。

当结构满足了结合面抗剪性能时，在实际施工中也要采用合理的措施，以减少不利影响。可配置一定数量贯通于结合面的剪切-摩擦筋，用于抵抗结合面出现的剪力。对于采用四面围套混凝土加固的梁、柱，可以用封闭式的箍筋及部分整浇的混凝土来参加抗剪，使得结合面的抗剪承载力大大提高，保证了加固结构的工程安全。

（2）设计要求

①当钢绞线采用连续跨布置，而在跨中的转折点设在梁底以上位置时，应尽可能采用两端纵向张拉，以减少摩擦力损失。

②当钢绞线在跨中的转折点设在梁底以下位置时，可采用一端纵向张拉方法，但之后还要利用设在跨中的拉紧螺栓进行横向张拉，以补足由摩擦力引起的预应力损失。

③当纵向张拉有困难时，也可将跨中转折点设在梁底，全部采用横向张拉的方法。此方法仅适用于无外观要求的情况。

④当采用千斤顶纵向张拉时，张拉应力值可取 0.7fptk（fptk 为钢绞线抗拉强度标准值，下同）。若连续跨的跨数较多，可将应力值提高至 0.75fptk。

⑤当全部采用手工横向张拉时，张拉应力控制值应适当降低，以免因塑性变形过大影响测试精度，一般取张拉值 0.6fptk 左右。

4.2 预应力混凝土桥梁加固设计技术研究

随着国民经济的发展，全球的高速公路和城市快速路发展迅猛，兴建了大量的公路桥梁和城市立交桥。近年来我国各相关行业对桥梁结构及路面工程

的施工都比较重视,技术也已相当成熟。但相对而言,桥面铺装(指铺筑在桥面板上的防护层,用于防止车轮直接磨耗桥面板,并扩散车轮荷载,也为车辆提供平整防滑的行车表面)常被道路和桥梁工程师们忽视,其设计方法、施工技术及破坏理论分析方面的研究也显得薄弱,桥面铺装过早破坏的情况屡见不鲜。

随着公路等级的提高及车辆荷载的增加,对桥面铺装提出了更高的技术要求。人们急需制定相应的技术对策和相关的力学分析,从材料和力学角度出发来解决目前桥面铺装存在的种种问题。桥面铺装有别于道路铺装,桥面板铺装层通常不具有结构性的目的,它们主要用于满足行车安全舒适的要求和提高桥面的耐久性和服务寿命,并且通常是基于以前经验知识设计的,较少从力学的角度去考虑在实际运营过程中桥面铺装层的应力重分布问题。

因此,有必要对桥面铺装的作用进行深入的力学分析,其结果将对减少桥面铺装病害的发生、预测其使用寿命、提高桥面铺装的质量、减灾防灾等均具有非常现实的意义。

4.2.1 基本假定

碳纤维加固梁的正截面抗弯极限承载力计算采用以下基本假定:

(1)碳纤维加固梁受弯后符合平截面假定;

(2)钢筋应力应变关系按《混凝土结构设计规范》取用;

(3)碳纤维布的应力应变关系满足线弹性应力应变关系;

(4)达到受弯承载力极限状态前,碳纤维布与混凝土梁之间粘结良好,无剥离破坏现象;

(5)粘贴碳纤维加固后的混凝土极限承载力,应以原结构截面中混凝土或钢筋强度设计值控制。

4.2.2 规范提出的计算方法

《公路桥梁加固设计规范》对矩形截面或翼板位于受拉边的钢筋混凝土T形截面受弯构件,在受拉面粘贴加固时,其正截面受弯承载力应按下列公式计算:

当混凝土受压区高度 x 大于 $\xi_{fb}h$,且小于 $\xi_{fb}h_0$ 时(即钢筋屈服后受压区混凝土压碎,而此时碳纤维未达到其极限拉应变),如图4-7所示:

$$M \leqslant f_{cd}bx\left(h_0 - \frac{x}{2}\right) + f'_{sd}A'_s(h_0 - a'_s) + E_f\varepsilon_f A_f(h - h_0) \qquad (4-2)$$

混凝土受压区高度 x 和受拉面上碳纤维的拉应变 ε_f 应按下列公式确定：

$$\begin{cases} f_{cd}bx + f'_{sd}A' = f_{sd}A_s + E_f\varepsilon_f A_f \\ x = \dfrac{0.8\varepsilon_{cu}}{\varepsilon_{cu} + \varepsilon_f + \varepsilon_1}h \end{cases} \quad (4\text{-}3)$$

当混凝土受压区高度 x 小于等于 $\xi_{fb}h$ 时（即钢筋屈服后碳纤维达到其极限拉应变而拉断，此时受压区混凝土尚未压碎），如图4-8所示：

$$M \leqslant f_{sd}A_s(h_0 - 0.5\xi_{fb}h) + E_f\varepsilon_f A_f h(1 - 0.5\xi_{fb}) \quad (4\text{-}4)$$

当混凝土受压区高度 x 小于 $2a'_s$ 时：

$$M \leqslant f_{sd}A_s(h_0 - a'_s) + E_f\varepsilon_f A_f(h - a'_s) \quad (4\text{-}5)$$

以上式中：ξ_{fb}——为受压区混凝土压碎和碳纤维达到其极限拉应变同时发生时截面的相对受压区高度（图4-9）取

$$\xi_{fb} = \dfrac{0.8\varepsilon_{cu}}{\varepsilon_{cu} + [\varepsilon_f] + \varepsilon_1}h \quad (4\text{-}6)$$

ε_1——考虑二次受力时，截面受拉边缘混凝土的初始应变，不考虑二次受力时，取 $\varepsilon_1 = 0$；

$[\varepsilon_f]$——碳纤维片材的允许拉应变。

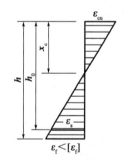

图4-7 混凝土压碎破坏　　图4-8 碳纤维拉断破坏　　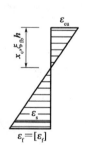

图4-9 界限状态

注：图4-7～图4-9中 x_c 为实际混凝土受压区高度。

4.2.3 计算实例

本文以预应力T形截面梁为例，计算对其进行粘贴碳纤维加固之后的正截面抗弯承载力，截面形式及配筋情况如图4-10、表4-2和表4-3所示。

4 预应力混凝土桥梁加固设计关键技术

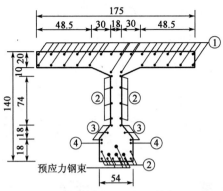

图 4-10 截面形式及配筋图(单位:cm)

普通钢筋数量表 表 4-2

钢 筋 号	根 数	屈服强度(MPa)	直径(mm)
①	26	300	12
②	8	300	12
③	6	300	12
④	2	300	12

预应力钢束情况表 表 4-3

钢束组成	数量(束)	屈服强度(MPa)
$5\varphi^j15.24$	4	1320

1) 公式计算结果

考虑 T 梁中预应力筋及主筋受力时,经计算得加固前 T 梁的承载力为 4696kN·m。

采用在该预应力混凝土 T 形截面梁下表面粘贴碳纤维片材方式的进行加固(不考虑二次受力的影响),单片碳纤维的厚度为 0.15mm,弹性模量为 21200MPa,泊松比为 0.21,取其极限抗拉强度设计值为 3000MPa。粘贴一层碳纤维时,根据公式(4-3)算得混凝土受压区高度为 111.57mm,其值小于 $\xi_{fb}h$ (407.3mm),故采用公式(4-4)计算其加固后的抗弯承载力,算得结果为 4111kN·m。发现按《公路桥梁加固设计规范》(JTG/T J22—2008)加固后截面的抗弯承载力竟然小于加固前承载力。

当采用《混凝土结构加固设计规范》(GB 50367—2006)中公式:

$$M \leq \alpha_1 f_{co} bx\left(h - \frac{x}{2}\right) + f'_{yo} A'_{so}(h - a') - f_{yo} A_{so}(h - h_0) \tag{4-7}$$

计算得加固后梁体的承载力结果为4974.7kN·m,比加固前承载力提高约6%。

2) ANSYS建模分析

为检验该结果,文本采用有限元分析软件ANSYS对上述预应力T形截面梁加固前及加固后的力学规律进行模拟分析。模型为20m,跨度简支梁,根据材料特性选用Solid65单元模拟混凝土,并以配筋率的形式将普通钢筋弥散至混凝土中,选用Link8单元模拟预应力钢束,选用Shell41单元模拟碳纤维片材,如图4-11~图4-15所示:

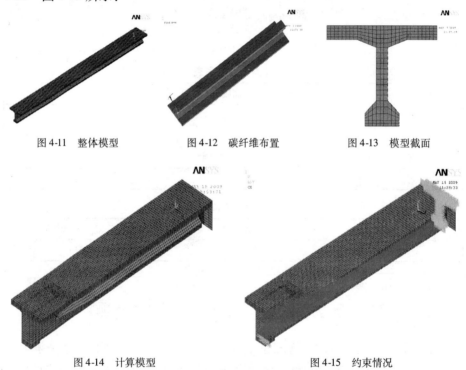

图4-11 整体模型　　　　图4-12 碳纤维布置　　　　图4-13 模型截面

图4-14 计算模型　　　　　　　　图4-15 约束情况

根据ANSYS的模拟结果,该T梁加固前的正截面承载力为5464kN·m,与理论值吻合较好,加固后的正截面承载力为5925kN·m比加固前提高了约8%,与采用《混凝土结构加固设计规范》计算所得结论较吻合,但与《公路桥梁加固设计规范》计算结果相差较大。

4.3　桥梁顶升旋转工艺技术

建筑物顶升技术在欧美及俄罗斯等国家已使用了很长一段时间,他们不惜重金通过顶升、移位技术将具有历史价值的建筑物转移至合适位置予以保护。而在我国,顶升技术从20世纪50年代也开始应用于铁路桥梁的架设、移位和落梁;20世纪60年代开始,液压技术发展较快,并开始应用于屋面的整体顶升;在20世纪80年代,液压技术先后应用于上海石洞口第二电厂、上海外高桥电厂六座240m钢内筒烟囱倒装顶升、上海东方明珠广播电视塔钢天线桅杆整体提升和上海证券大厦钢天桥整体提升等一系列重大建设工程中,并获得了巨大成功,取得了显著的经济效果。

4.3.1　桥梁顶升技术特点

通常梁式桥梁的各主梁通过横向连系梁将上部承重结构连成整体,板式桥通过空心板间钢筋焊接并灌注混凝土将上部承重结构连成整体。因此,单根构件的顶升,需对相邻构件进行切割分离,破坏桥面及横向连系,导致加固处理工程量增加,费用较高。如果不破坏桥面及横向连系将承重结构顶起,就需要整体顶升。整体顶升桥梁上部结构的施工技术,具有在不破坏桥梁结构、不改变桥梁结构受力条件、不用在桥下搭建脚手架、不受地基、河水及被交通限制的情况下,能够同步、平稳、快速、安全地整体顶升桥梁的上部结构,进行桥梁下部结构拓宽、加高或更换支座等维护施工。

现役桥梁中,由于基础沉降、混凝土收缩徐变、超载、地震等因素作用下,很多桥梁线形发生了较大变化,过大的挠度不能满足正常使用的要求,故需要采取措施对其线形进行调整;或在桥梁加固改造中,如果需要将桥面双向横坡改为单向横坡时,按增加桥面铺装的传统方法,会明显增加桥梁自重,对桥梁受力非常不利,且需要配制高强轻质混凝土,难度大,费用高。总之,顶升旋转法在既有桥梁加固施工中具有不增加原桥梁荷载,施工周期短,且对交通影响比较小,既经济又环保的优点,这样大大节省了工期、材料、人力及费用,让工程早日发挥效益。同时,顶升设备体积小,重量轻,便于运输和安装,能重复使用,适用于不同跨度、不同梁板结构和不同吨位的桥梁加固的施工。

4.3.2　桥梁顶升旋转施工流程

建筑物顶升技术在欧美及俄罗斯等国家已使用了很长一段时间,他们不惜重金通过顶升、移位技术将具有历史价值的建筑物转移至合适位置予以保护。

顶升流程:实行交通管制或中断交通→解除桥面连续及伸缩缝等约束→搭设顶升施工操作平台→设置千斤顶→安转百分表→安装传感器→设置油路→系统排除异常→预顶升→正式顶升→设置临时支撑→同步实施监控→增设或加固

支座垫石→落梁到位。

4.3.3 技术关键

(1)桥梁顶升操作平台搭设。在台帽处,可在前缘(前墙)搭设。对矮的桥墩进行顶升时,可以搭设支架作为平台,对较高的桥墩,可在桥墩地面组装吊篮,通过起吊设将吊篮安装于盖梁上方的防撞栏杆上,并加强横向连进行接、增加必要的锚固设施。搭设完成后,操作平台必须进行加密处理,并设置安全护栏,要经常配备人员进行检查,若发现安全隐患应立即停止施工,对隐患进行排查解决,待隐患消除再进行顶升施工工序操作。

(2)根据梁板的顶升位移量、操作空间(由实测的垫石、支座高程决定)选用合适吨位的千斤顶,确定千斤顶的数量。在断交施工的情况下,计算出单幅上部结构总重量,包括桥面铺装、水泥混凝土防撞护栏、水泥混凝土护轮带、钢护栏的重量,如果墩台与梁板之间有防震锚栓,还应考虑锚栓的影响。以此来选择千斤顶的最大顶升能力和千斤顶的数量,还需考虑2.0 的施工安全系数。千斤顶数量的确定,也就是整体顶升能力的确定。如果整体顶升能力不满足要求,施工任务将无法完成。在计算顶升能力时,要考虑到各种可能出现的因素和预想不到的情况,如千斤顶故障、高压管喷裂等等。在这种情况下,必须要有较大的施工安全系数,也就是在千斤顶理论计算用量的基础上,增加适当数量的千斤顶,以保证在施工中不出现意外事故。

能否在施工中保持桥梁原来的受力状态,千斤顶安放位置是一个关键的环节。如果位置摆放不适当,即使同步顶升操作再严格,也会使桥梁因改变受力状态而出现裂缝等严重问题,因此必须选择好千斤顶的安放位置。在即将安放千斤顶的空心板底、盖梁或台帽顶面凿除混凝土表面的油污、风化层,安放1~2层厚度为20mm 的局部承压加强钢板,作为千斤顶顶升受力的承压面,然后安放千斤顶。千斤顶距离台帽、盖梁边缘距离应大于10cm。

(3)同高度顶升时要控制同跨同横排梁的高度顶升的一致性,旋转顶升时要控制同跨纵向同排支座顶升高度的一致性,多跨同步顶升时,要控制好各跨各排梁体的协调一致性,防止梁体在顶升过程中发生翘曲扭转现象,造成应力集中导致梁体破坏。

(4)为了加强顶升设备及设施的安全性、实用性和特殊性,在顶升过程中如遇到下列情况之一,可以根据实际情况使用加劲钢横梁间接顶升:若垫石前缘到台帽前缘的距离不满足千斤顶安放要求时;顶升位移较大,不能一次顶升到位,需要分级多次顶升时;需要梁体做整体旋转时。

(5)在千斤顶附近空心板底安装位移传感器,并安装百分表作为位移辅助控制和纠偏。安装压力传感器控制千斤顶顶升力。千斤顶安放就位时,地面的同步顶升设备:计算机同步顶升控制系统、油路系统、发电机、空压机等应安装完毕。至少配备两个以上专业技术人员分别检查、排除整个顶升系统的异常情况,确保整个顶升过程的安全性。

(6)试顶:开始时应缓慢逐级(可分3~5级)加载,每级顶升量不宜过大,一般控制在2~4mm。注意观测梁体顶升位置有无异常;若采用横梁时,还应仔细观测支架等变形情况,如无异常,再逐级加载到顶升力并使梁体顶升5~10mm,各级加载时间间隔根据支架、钢横梁连接情况,地基基础处理情况而定,一般不小于10~15min。顶升时应配备4个以上专业人员分别检查顶升过程中的顶升设备及被顶结构的安全性,每次顶升要对形成完整的设备使用状态及梁体健康报告。确保正式时顶升系统及被顶升结构的安全性。

(7)正式顶升:确认顶升系统、临时支撑系统及被顶升结构安全可靠后,可正式顶升,每一级顶升后及时用型钢或钢板做好临时支撑。临时支撑面积应经局部承压计算,并不小于支座面积的1.2倍,临时支撑应与梁体密贴。临时支撑做好后,使千斤顶油路缓慢回油至零。拆除千斤顶,空出作业面。

(8)支座及关联构件的处理。同步千斤顶重新同时顶升后,留出操作空间,对锈蚀的空心板底钢板应除锈保护,锈蚀严重的应割除更换。对变形和严重锈蚀的支座进行更换。对缺角、损坏较大的垫石进行拆除重新制做。在新增及加固的垫石处,凿除原结构表面油污及风化层形成高度差不小于6mm的凹凸粗糙面,并使粗骨料暴露。然后进行植筋及表面清洗除尘等工作,浇注快凝快硬自密实微膨胀C50混凝土(60~120min可达80%强度)。在进行更换增添的楔形钢板时,要将原空心板底预埋钢板表面打磨平整,清洗干净,用改性环氧A级粘钢胶与楔形钢板进行粘贴。所有楔形调平钢板在安装前需做防腐处理,防腐涂料要符合现行规范的要求。

(9)对原桥支座进行仔细检查,将严重变形或损坏的支座进行及时更换,将支座安放准确。检查、测量、核实各顶升参数,为安全落梁做好准备。待上述工作完成后,缓慢同步落梁,使各梁同时平稳地落到支座中心上,完成顶升。

(10)桥梁顶升过程是一个动态的过程,一般都是分级顶升,逐步到位,随着上部结构的提升,桥面纵向偏差、立柱倾斜率、伸缩缝梁间间隙等均会发生变化,为此要设置一套监控系统保证桥梁的整体姿态。施工前,应取得各监控点的各项监测参数初值。监控包括结构平动、转动和倾斜,主要有以下几方面:

①反力基础沉降观测:设置反力沉降观测体系来观测承台沉降,及时作出相

应措施；

②桥面高程观测：在桥面设置高程观测点来推算每个桥墩的实际顶升高度，设置桥面高程观测点来验证实际顶升高度值，使顶升到位后桥面高程得到有效控制；

③桥面底面高程测量：它是桥面高程控制和测量的补充，提供辅助的顶升作业依据；

④桥梁纵向位移观测：为观测桥梁纵向位移及立柱垂直度，在立柱外侧面用墨线弹出垂直投影线，墨线须弹过切割面以下，在垂直墨线的顶端悬挂一个铅球，通过垂球线与墨线的比较来判断盖梁的纵向位移及盖梁是否倾斜；

⑤支撑体系的观测：及时掌握支撑体系的受力和变形情况，以采取措施控制支撑体系的变形量，从而使施工在安全可控的环境下进行。

4.3.4 施工方案工程实例

1）原加固设计方案

都新各桥型原加固方案及对应分析见表4-4。

都新各桥型原加固方案及对应分析一览表　　　　表4-4

上部结构形式	加固方案及原由分析
钢筋混凝土空心板	对大部分钢筋混凝土板，根据新的路线拟合铺装层加厚，其承载能力远低于现行规范要求，虽然通过加固可使其满足要求，但由于加固造价已接近或超过新建造价，因此将其拆除后新建上部结构
预应力混凝土空心板	原预应力混凝土板梁设计安全裕度普遍较高，在新路线拟合下增加了铺装层厚度，在荷载增加的情况下，仍能满足现行规范要求，但富裕度相对较小，故保留原预应力混凝土板。但考虑其已服役数年，为了使加固后的结构有一定安全裕度，在其底部粘贴碳纤维布进行加固。这样既能使其承载力有一定的提高，且由于碳纤维布加固的诸多优点，如施工方便、工期较短、造价较低等，可使加固设计较为经济合理
T梁	在桥面铺装厚度增加及活载等级提高的情况况下，大部分T梁的抗弯承载能力及抗裂性已不能满足现行规范要求，经多种方案比较，采用加大梁底马蹄截面及桥面补强方法进行加固。即桥面加铺厚度较小，荷载效应增加较小时，仅加大梁底截面，增大配筋量，即可满足承载能力及抗裂性要求，且使梁具有一定的安全裕度；而当桥面加铺厚度较大，荷载效应增加较大时，还需对桥面板植筋，再现浇新增水泥混凝土，形成补强层，与原梁共同受力，以满足规范要求。为了进一步减轻结构自重，新增水泥混凝土铺装采用LC40轻骨料混凝土，同时加设横隔板

续上表

上部结构形式	加固方案及原由分析
工梁	在桥面铺装厚度增加及活载等级提高的情况下,极限承载能力、抗裂性等虽能满足要求,但安全储备很小。经多种方案比较,最后采用加大梁底马蹄截面以及桥面补强综合加固法。即加大梁底截面,增大配筋量并在行车道板植筋,再现浇混凝土铺装,形成补强层,与原梁共同受力,以满足规范要求,同时也提高了结构的承载能力。为了进一步减轻结构自重,水泥混凝土铺装采用LC40轻骨料混凝土,同时加设横隔板

2）实际施工方案

在实际施工时,由于原设计方案存在以下几点不足：

(1) 根据新加固规范,加固的基本原则是尽量不破坏原结构,而本设计采用增大马蹄主要是针对工字梁和T梁,很容易将原梁体中的预应力钢筋破坏,对原结构的损伤存在巨大的安全隐患;

(2) 对工字梁和T梁的加固,新增加的马蹄,由于混凝土长期收缩徐变等原因,会使原马蹄和新增马蹄存在脱离缝隙,不能共同受力,起不到加固的效果;

(3) 从轻骨料混凝土的应用来看,虽然国外已将轻骨料混凝土应用于桥梁结构上,但是在国内轻骨料大都用于房屋结构中,在大桥上作为动荷载的承重结构还相对较少,考虑到轻骨料混凝土的应用还不尽成熟,这样大面积的应用存在较大风险;

(4) 新路线的拟合,行车速度的提升,超高增大,导致原桥面铺装厚度增大,自重的增加,在一定程度上影响了承载能力的提高,需要尽可能的减少其自重。

根据以上存在的问题,由业主组织邀请专家、设计院、咨询单位、监理单位、施工单位召开加固论证会,最后经过反复论证,决定采用顶升加固方式对部分技术状况较好的空心板桥和采用轻骨料混凝土加固的I/T梁桥进行旋转顶升调整横坡,减轻桥面铺装质量,提高其承载力。全线加固改造桥梁68座,其中拆除重建桥梁22座,加固改造桥梁中有21座采用顶升技术进行改造。贵州都新线采用顶升技术改造的桥梁见表4-5,顶升与非顶升改造桥梁对比如图4-16所示。

都新顶升桥梁一览表 表4-5

序号	新桥名	孔跨布置(孔-m)	桥梁全长(m)	上部结构
1	沟山大桥	8－30	256.515	T形梁
2	水竹滩大桥	11－20	233.000	无黏结空心板
3	大河口I大桥	6－30	200.000	T形梁

续上表

序号	新 桥 名	孔跨布置(孔-m)	桥梁全长(m)	上 部 结 构
4	大河口Ⅱ大桥	1-20+2-30	91.000	工形梁+T形梁
5	大河口Ⅲ大桥	6-30	196.000	T形梁
6	涧槽寨中桥	2-16	50.600	空心板
7	文家寨大桥	6-30	188.740	T形梁
8	油库大桥	6-20	130.800	工形梁
9	马井大桥	7-30	237.350	T形梁
10	良亩大桥	1-16+17-30	507.700	空心板+T形梁
11	平寨大桥	7-30	229.000	T形梁
12	麻柳中桥	1-30	54.300	工形梁
13	农机厂分离式桥	1-16	25.720	空心板
14	一桥分离式桥	1-16	34.650	空心板
15	拉外分离式立交桥	1-30	52.430	T形梁
16	白腊坡大桥	5-30	171.900	工形梁
17	坛窑分离式立交桥	2-30	78	工形梁
18	斜纳分离式立交桥	1-30	41.09	工形梁
19	后寨中桥	2-16	47.77	空心板
20	打渔河中桥	3-16	68.08	空心板
21	红土寨分离式立交桥	1-30	55.75	工形梁

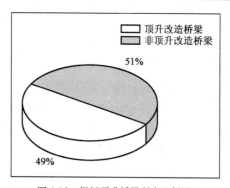

图4-16 都新顶升桥梁所占比例图

根据施工单位投标文件和后期变更费用概算,顶升方案工程投资上较少,具体节省费用见表4-6。

顶升方案投资费用分析表 表 4-6

编号	费用分类	项 目	
1	相当费用(投资费用)	新顶升方案和原加固方案中增大马蹄一项费用相当	
2	节省费用	1	桥面护栏拆除
		2	桥面护栏重新浇注
		3	轻骨料混凝土研制
		4	轻骨料混凝土增铺植筋及浇注相关费用(针对T梁)
		5	空心板桥拆除及重新预制、浇注铺装
3	节省费用概算	约是整个工程总投资的一倍	

从表4-6可以看出,新的顶升方案,在工程投资上远比原旧桥加固方案少,同时也更好的利用了原有旧桥,大大节省了国家建设投资费用。

5 在役桥梁加固设计方案优化

随着我国社会经济和交通运输事业的快速发展,过去年代修建于各地城镇和各级公路上的桥梁,还在肩负着十分沉重的交通荷载及繁重的交通量。由于历史的种种原因,如建桥当时的资金紧缺、设计荷载及泄洪标准偏低,技术力量的缺乏,设计、施工管理的粗放,设计、施工技术水平较低和设备、手段、材料的落后等等,以致在设计上或多或少存在考虑不周的缺点,施工也留下大小不同的缺陷。面对如此之多的旧桥,需要寻找一种能让旧桥再次安全起用的方法,那就是加固、改造。世界上许多发达国家公路网日趋完善,新建公路、桥梁逐渐减少,已建公路、桥梁的维修、养护、加固和改造已成为公路交通部门的工作重点。

桥梁加固技术能充分的发挥资金优势,尤其是对于资金相对紧张的情况下。我国公路部门实践经验表明,既有桥梁加固所需资金是新建桥梁的 10%～30%。但是因为地方公路养护资金通常是国家投资补贴和地方财政拨款结合,而目前的投资重点是在基础设施建设上,因此,养护资金相对有限,往往不能满足所有桥梁的维修工作。因此对现有桥梁进行准确评定,合理分配有限的养护资金,优化桥梁维修方案,使得桥梁能够在其使用寿命期内发挥最大的经济效益是目前一个普遍关注的热点问题。

为了解决在役桥梁使用功能方面的问题及取得最大社会经济效益,依托实际工程,在分析了各种桥型的在役桥梁病害机理并进行适应的量化评估,提出相应的加固方法的基础上,综合考虑以资金为主要影响桥梁加固方案选择的因素的情况下,采用适当的选择方法对加固方案进行经济性优选,使其能够发挥最大的经济效益。

5.1 在役桥梁加固方案优选的意义

对于旧桥加固来说,从目前阶段而言,加固方案的比选缺乏一套比较严谨的经济评价和项目决策方法,但是作为投资法人,有一套比较先进、科学、完整的评估方法

5 在役桥梁加固设计方案优化

以进行决策,对项目实施过程及实施过程后的经济效果方面将有非常重大的意义。

一个建设项目的建设期间大致分四个阶段:项目的策划和决策阶段;项目实施前的准备工作阶段;项目实施阶段;项目建成和总结阶段。项目策划和决策阶段要决定项目的规模、方案、技术、进度等,任何一项决策的失误,都有可能导致后期很大的资金损失。应该说,项目策划和决策阶段的工作是投资项目的首要环节和重要方面,对投资项目能否取得预期的经济、社会效益起着关键的作用。但是旧桥加固项目在决策上给人的第一反应是加固方案的技术选择,而缺乏加固经济合理性上的评判,从这一点上来讲,其策划和决策阶段决策方法是不系统和不科学的。应该说,我国的基本建设在计划经济时代是很少算"经济账"的。但是经过将近30年的改革开放,工程经济思想有了很大的充实和进步,工程造价的控制深入人心,但是在理论和管理方面和西方发达国家相比仍然有很大的差距。对于基本建设领域的"改建"项目,前期的可行性研究不重视和不深入是一个突出表现。就交通基本建设而言,当我们面对投入的越来越庞大的加固资金,如果前期对其经济性不给予足够重视,策划和决策不够科学和严谨,可能会导致资金投入的巨大浪费。

桥梁加固项目作为公路建设的一部分,具有较强的独立性和特殊性,必须针对桥梁加固技术的特点和相应的适应性来分析方案优选所带来的经济效益。我国经济还不发达,养护资金短缺,加强桥梁加固方案优选的经济性分析的研究,以确定桥梁加固项目是否合理、经济,可为今后的桥梁加固项目提供技术经济指导,让有限资金发挥更大的效益。

5.2 在役桥梁加固方法选用的原则

5.2.1 在役桥梁加固方案优选的影响因素

结合桥梁加固的特点和技术要求,可概括出影响桥梁加固方案选择的因素如下:

1)桥梁加固方案的技术可行性

包括以下几个方面:所采用的加固方案是否技术先进;所选方案经过了丰富的工程实践检验,证明其技术是成熟的;所选加固方案与结构需要加固的原因相适应;所选加固方案与结构所处环境的具体条件相适应。

2)桥梁加固方案的效果可靠性

主要是分析加固方案所达到的加固效果是否能满足要求。每一种加固方案都有一定的适用范围,但采用该方案加固后应能满足桥梁的功能要求,包括强度、刚度、稳定性等;加固方案能否适应新旧结构的协调工作要求;方案能否尽量减少对原结构产生不利影响。

3) 桥梁加固方案的经济合理性

主要是指所采用的结构加固方案的造价和工期应该在满足加固效果可靠的前提下,能够做到造价低、工期合理。另外,还需充分考虑加固后可能花费的维修费用少。

4) 桥梁加固方案的施工方便性

众所周知,由于不同加固方案所采用的施工方法、施工程序、施工设备等不一样,其施工的难易程度显然不同。因此,所选方案应该达到技术简单、所占场地较小、与被加固结构的类型相适应、施工单位水平满足要求。

5) 其他因素

还要考虑桥梁结构形式,桥位地形、水文、自然状况;桥梁现状分析研究结论;施工技术水平;能否封闭交通;预期加固效果;资金投入量等的影响。

5.2.2　在役桥梁加固方法选用原则

(1) 采用加固方案之前,须先考虑耗费少、功效快、不中断交通、技术上可行、有较好耐久性等方面的要求。

(2) 补强加固是通过加大或修复桥梁构件来提高局部或整座桥梁承载能力的措施。因此桥梁加固工作一般以不更改原结构形式为原则,在兼顾经济性的前提下,只有在较复杂的情况下,才可考虑更改结构形式。如果采用补强加固的方式仍不能达到交通运输要求,则必须考虑进行重建桥梁的部分或全部。

(3) 选择桥梁加固方式时,必须考虑旧桥现状、承载能力减弱的程度以及日后交通量,最好参考已经成功完成补强加固的桥梁的施工。

(4) 采用扩大或增加桥梁构件断面的方法进行加固前,应考虑增加部分与原有部件的结合效果。

5.3　桥梁加固方案层次优选法

5.3.1　综合评价指标的确定

桥梁加固方案优选中,所涉及的评价指标很多。其中有少量定量指标,而更多的则是模糊性很强的定性指标。实际应用中为了简化处理,借助模糊理论,根据具体问题不同的复杂程度和需要,每一影响加固效果的因素可按其性质分为若干等级,在定性目标的论域[0,1]上,可分别给出评定值。如 7 级因素等级集 E = {很差,差,较差,中,较好,好,很好} = {0.05, 0.20, 0.35, 0.50, 0.65, 0.80, 0.95}。

由此确定的评定值模糊矩阵记为 **R**。

桥梁加固方案 2 级评价指标体系见表 5-1。此体系中各指标在方案的优选中所起的作用是不同的,各个因素的重要程度不一样。

桥梁加固方案 2 级评价指标体系　　　　　　表 5-1

第一层因素	第二层因素
(1)效果可靠性	(1)强度要求满足程度
	(2)刚度要求满足程度
	(3)稳定性要求满足程度
	(4)抗动力性要求满足程度
	(5)耐久性要求满足程度
	(6)新旧结构协调工作要求满足程度
	(7)对加固的构件无不利影响的要求满足程度
	(8)延性要求满足程度
(2)经济合理性	(1)加固所需费用
	(2)加固所需工期
	(3)对原有结构的利用程度
	(4)加固后所需的维修费用
(3)技术可行性	(1)加固方案所采用技术的先进性
	(2)加固方案所采用技术的成熟性
	(3)加固方案与被加固结构类型、特点的适应性
	(4)加固方案与引起桥梁加固原因的适应性
	(5)加固方案与桥梁所在地具体条件的适应性
(4)施工方便性	(1)加固施工技术的复杂程度
	(2)加固施工场地的局限性(是否影响通航通车等)
	(3)加固施工单位水平的高低

5.3.2 方案优选的计算方法

对影响加固效果的因素进行分类,第 1 层次因素集 $U = \{U_1, U_2, U_3, U_4\}$,式中,$U_1, U_2, U_3, U_4$ 含义见表 5-1 中第 1 层次因素。

对每一个 $U_i(i=1,2,3,4)$ 又可作进一步分类 $U_i = \{U_{i1}, U_{i2}, \cdots, U_{iki}\}$ 式中,每个 U_i 中有 k_i 个因素,每个因素 U_{ij} 的含义见表 5-1 中第 2 层次因素。

抉择评语集 $V = \{v_1, v_2, \cdots, v_n\}$,设 U_i 的因素权重子集为 A_i,U_i 的 k_i 个因素的总的评价矩阵为 R_i,则 U_i 的单因素评判结果为

$$B_i = A_i \cdot R_i = (b_{i1}, b_{i2}, \cdots, b_{in})$$

设 U_i 的权重子集为 $A = \{A_1, A_2, A_3, A_4\}$,则 U 的总的评价矩阵

$$R = \begin{bmatrix} B_1 \\ B_2 \\ B_3 \\ B_4 \end{bmatrix} = \begin{bmatrix} A_1 \cdot R_1 \\ A_2 \cdot R_2 \\ A_3 \cdot R_3 \\ A_4 \cdot R_4 \end{bmatrix}$$

根据最大隶属度原则,与 b_1, b_2, b_3, b_4 中最大值对应的方案即为最优方案。

5.3.3 计算实例

腊忙河大桥桥梁全长 218.40m,中心桩号为 ZK145+492.912。上部结构为 55.9+90+55.9m 预应力混凝土连续刚构,主梁为单箱单室截面,箱梁顶面宽 12.0m,底面宽 6.0m,梁高为跨中 2.2m,桥墩处 5.4m,其间梁高按二次抛物线变化。经检查发现主跨跨中区域存在下挠,箱梁存在的缺陷主要有:梁体有明显的空洞、白华、钢筋外露、钢筋锈蚀、混凝土修补、块与块间施工质量差、混凝土震捣不密实、钢筋保护层厚度不足、混凝土表面出现裂缝。并且根据采集的回弹值推定大桥箱梁体混凝土强度低于设计值 C50 混凝土的强度要求。对结构作了验算,发现箱梁的控制断面存在混凝土法向应力和混凝土主拉应力不符合现行规范要求的问题,桥梁承载能力达不到公路 - I 级标准。第二跨跨中箱梁抗弯承载力富裕量较少。综合分析确定,腊忙河大桥需要经过加固的工程措施,才能满足高速公路的承载力要求。根据该桥具体情况,初步提出 4 个加固方案:I 体外预应力加固;II 粘贴碳纤维加固;III 粘贴钢板加固;IV 增焊主筋或喷射混凝土。

(1)针对该问题,评价加固方案的优劣主要考虑 4 大评价指标,将这些因素进一步划分构造因素关系,见表 5-2。

5 在役桥梁加固设计方案优化

加固方案优选评价因素　　　　　　　　　　表 5-2

效果可靠性 U_1	强度要求满足程度 u_{11}
	刚度要求满足程度 u_{12}
	耐久性要求满足程度 u_{13}
	对加固的构件无不利影响 u_{14}
经济合理性 U_2	加固所需费用 u_{21}
	加固所需工期 u_{22}
	加固后所需的维修费用 u_{23}
技术可行性 U_3	加固方案所采用技术的成熟性 u_{31}
	加固方案与引起加固原因的适应性 u_{32}
	加固方案与桥梁所在地条件的适应性 u_{33}
施工方便性 U_4	加固施工技术的复杂程度 u_{41}
	加固施工场地的局限性 u_{42}

（2）抉择评语集 $V = \{\text{I}, \text{II}, \text{III}, \text{IV}\}$。

（3）初级评判。为简化工作，对所有指标均作定性评价，确定评价集为 7 级因素等级集，赋值为 $E = \{0.05, 0.20, 0.35, 0.50, 0.65, 0.80, 0.95\}$。

① 对加固效果可靠性 U_1 的评判

各影响因素评价见表 5-3。

效果可靠性影响因素评价　　　　　　　　　　表 5-3

影响因素	加固方案			
	I	II	III	IV
u_{11}	很好	好	好	较好
u_{12}	很好	差	较好	中
u_{13}	好	很好	较差	较好
u_{14}	中	很好	好	中

可以得到模糊关系矩阵

$$R_1 = \begin{bmatrix} 0.95 & 0.80 & 0.80 & 0.65 \\ 0.95 & 0.20 & 0.65 & 0.50 \\ 0.80 & 0.95 & 0.35 & 0.65 \\ 0.50 & 0.95 & 0.80 & 0.50 \end{bmatrix}$$

确定 U_1 中各因素的权重，由层次分析法得到判断矩阵权重向量

$$P = \begin{bmatrix} 1 & 3 & 4 & 5 \\ 1/3 & 1 & 2 & 4 \\ 1/4 & 1/2 & 1 & 2 \\ 1/5 & 1/4 & 1/2 & 1 \end{bmatrix}$$

$$\overline{W}_1 = \sqrt[4]{1 \times 3 \times 4 \times 5} = 2.783$$

$$\overline{W}_2 = \sqrt[4]{1/3 \times 1 \times 2 \times 4} = 1.278$$

$$\overline{W}_3 = \sqrt[4]{1/4 \times 1/2 \times 1 \times 2} = 0.707$$

$$\overline{W}_4 = \sqrt[4]{1/5 \times 1/4 \times 1/2 \times 1} = 0.398$$

$$\overline{W} = (2.783, 1.278, 0.707, 0.398)^T$$

$$W = (0.539, 0.247, 0.137, 0.077)^T$$

$$PW = (2.213, 1.009, 0.549, 0.315)^T$$

$$\lambda_{max} = 4.072$$

$$CI = (\lambda_{max} - 4)/(4 - 1) = 0.024$$

$$RI = 0.90$$

$$CR = 0.027$$

得 $A_1 = [0.539, 0.247, 0.137, 0.077]$，经检验 $CR = 0.027 < 0.1$，表明判断矩阵具有满意的一致性，可作为权重向量。则评判的计算式为

$$B_1 = A_1 \cdot R_1 = [0.859, 0.684, 0.701, 0.601]$$

②对加固经济合理性 U_2 的评判

$$R_2 = \begin{bmatrix} 0.80 & 0.20 & 0.35 & 0.95 \\ 0.65 & 0.80 & 0.80 & 0.20 \\ 0.80 & 0.65 & 0.35 & 0.80 \end{bmatrix}$$

$$A_2 = [0.682, 0.236, 0.082]$$

$$B_2 = A_2 \cdot R_2 = [0.765, 0.379, 0.456, 0.761]$$

③对加固技术可行性 U_3 的评判

5 在役桥梁加固设计方案优化

$$R_3 = \begin{bmatrix} 0.80 & 0.50 & 0.65 & 0.80 \\ 0.95 & 0.50 & 0.50 & 0.35 \\ 0.80 & 0.80 & 0.50 & 0.20 \end{bmatrix}$$

$$A_3 = [0.649, 0.072, 0.279]$$

$$B_3 = A_3 \cdot R_3 = [0.811, 0.584, 0.597, 0.600]$$

④对加固施工方便性 U_4 的评判

$$R_4 = \begin{bmatrix} 0.80 & 0.50 & 0.65 & 0.80 \\ 0.95 & 0.50 & 0.50 & 0.35 \end{bmatrix}$$

$$A_4 = [0.750, 0.250]$$

$$B_4 = A_4 \cdot R_4 = [0.425, 0.613, 0.613, 0.688]$$

⑤2 级评判

第 2 级评判的结果就是对 4 个加固方案进行评价,由初步模糊评价向量可得模糊关系矩阵

$$R = \begin{bmatrix} B_1 \\ B_2 \\ B_3 \\ B_4 \end{bmatrix} = \begin{bmatrix} 0.895 & 0.684 & 0.701 & 0.601 \\ 0.765 & 0.379 & 0.456 & 0.761 \\ 0.811 & 0.584 & 0.597 & 0.600 \\ 0.425 & 0.613 & 0.613 & 0.688 \end{bmatrix}$$

同理求得 1 级指标的权重向量

$$A = [0.505, 0.256, 0.144, 0.095]$$

对 4 种加固方案的综合评判结果

$$B = A \cdot R = [0.805, 0.585, 0.615, 0.650]$$

按最大隶属原则,与 B 中的最大值对应的方案为最优方案,即Ⅰ体外预应力法加固为最优方案。这与该桥实际情况一致,说明优选方法实用可行。

5.4 桥梁加固方案优选的多目标决策技术

5.4.1 特征矩阵与相对隶属度矩阵的建立

在选择桥梁加固方案影响因素中既有定量的因素(如工程造价等),又有定性的因素(如施工性等),因此在桥梁加固方案集中确定各因素对方案集的相对

147

隶属度是确定相对隶属度矩阵的关键。本书应用因素之间的优先关系二元对比方法,将这些模糊影响因素量化,从而得到各因素的相对隶属度。

(1)定量指标的相对隶属度

对于定量指标,如果指标 i 的特征值越大越优,其相对隶属度为:

$$r_{ij} = x_{ij}/x_{i\max} \tag{5-1}$$

如果指标 i 的特征值越小越优,其相对隶属度为:

$$r_{ij} = x_{i\min}/x_{ij} \tag{5-2}$$

例如对于指标特征值越大越优的情况,当 $x_{ij} = x_{i\max}$ 时,相对隶属度等于1,即针对指标 i 而言,方案 j 是最优的。

(2)定性指标的相对隶属度

① 确定标度矩阵

为了确定关于因素 c_i 方案集优越性的定性排序,定义因素 c_i 的标度矩阵为:

$$_iE = \begin{bmatrix} _ie_{11} & \cdots & _ie_{1n} \\ \vdots & & \vdots \\ _ie_{n1} & \cdots & _ie_{nn} \end{bmatrix} = {_ie_{kl}} \tag{5-3}$$

其中 $k = 1, 2, \cdots, n; l = 1, 2, \cdots, n$,且满足条件:

$$_ie_{kl} = \begin{cases} 0 & v_l \text{ 优于 } v_k \\ 0.5 & v_l \text{ 等于 } v_k \\ 1 & v_k \text{ 优于 } v_l \end{cases}$$

根据优越性排序一致性原则,标度矩阵 $_iE$ 各行和数从大到小的排列,可以给出方案集优越性的定性排序。

② 确定因素相对隶属度

根据二元论,对矩阵 $_iE$ 就方案集的优越性进行定性排序,可以定义其二元比较有序矩阵为:

$$_iA = \begin{bmatrix} _ia_{11} & \cdots & _ia_{1n} \\ \cdots & & \cdots \\ _ia_{n1} & \cdots & _ia_{nn} \end{bmatrix} = (_ia_{ik}) \tag{5-4}$$

$j = 1, 2, \cdots, n; k = 1, 2, \cdots, n$ 且满足条件:

$$\begin{cases} 0 \leq {}_i a_{ik} \leq 1 \\ {}_i a_{jk} + {}_j a_{kj} = 1 \\ {}_i a_{jj} = {}_i a_{kk} = 0.5 \end{cases}$$

其中$_i a_{jk}$为针对因素c_i方案v_j对v_k的优越性比较时,方案v_j对方案v_k的定量标度;同理$_j a_{kj}$为针对因素c_i方案v_k对v_j的优越性比较时,方案v_k对方案v_j的定量标度;j,k为排序下标,$j=1,2,\cdots,n$,$k=1,2,\cdots,n$,根据矩阵$_i E$各行和数从大到小的次序排列,则方案v_j对于因素c_i的相对隶属度r_{ij}为:

$$r_{ij} = \frac{1 - {}_i a_{1j}}{{}_i a_{1j}} \tag{5-5}$$

为了在二元定量对比中更易于按我国的语言习惯给出定量标度$_i a_{1j}$,建立了语气算子与定量标度$_i a_{1j}$之间的对应关系,见表5-4。

语气算子与定量标度及相对隶属度关系　　　表5-4

语气算子	同样	稍微	略为	较为	明显	显著	十分	非常	极其	极端	无可比拟
定量标度	0.5	0.55	0.60	0.65	0.70	0.75	0.80	0.85	0.90	0.95	1
先对隶属度	1.0	0.818	0.667	0.538	0.429	0.333	0.25	0.176	0.11	0.053	0

(3)确定各方案的相对优属度

在因素集中,为了反映各因素的重要程度,对各因素均赋予一个相应的权重$w_i(i=1,2,\cdots,m)$,各影响因素权重的确定可以根据模糊定权法确定,因方案j的相对优属度为:

$$u_j = \frac{1}{1 + \left[\frac{\sum_{i=1}^{m}[w_i(r_{ij} - 1)]}{\sum_{i=1}^{m}(w_i r_{ij})} \right]^2} \tag{5-6}$$

根据计算出来的优属度就可以评判方案的优劣。由最大隶属度原则,相对隶属度最大的方案,作为模糊决策的结果。

5.4.2 影响因素权重的确定方法

为了减少主观人为因素的影响,本文确定因素c_i的权重w_i的方法是从指标对于模糊概念"重要性"的相对隶属度出发的。由于确定权重是在已知的m个目标之间进行重要性的相对比较,与论域外的目标无关,可在论域中建立理想重要目标向量：
$$y = (y_{1i}, y_{2i}, \cdots, y_{ni}) = (1, 1, \cdots, 1)$$

和理想不重要目标向量：
$$z = (z_{1i}, z_{2i}, \cdots, z_{ni}) = (0, 0, \cdots, 0)$$

作为重要和不重要的目标的相对比较标准。

设目标对优的相对隶属度矩阵为

$$R = \begin{bmatrix} r_{11} & r_{12} & \cdots & r_{1n} \\ r_{21} & r_{22} & \cdots & r_{2n} \\ \cdots & \cdots & \cdots & \cdots \\ r_{m1} & r_{m2} & \cdots & r_{mn} \end{bmatrix} = (r_{ij})_{m \times n} \tag{5-7}$$

显然，目标对优的相对隶属度与目标对重要性的相对隶属度在概念上虽不同，但两者联系密切。在一般情况下，目标对优的相对隶属度越大，通常被给以越多的关注或赋予越大的权重值。根据模糊集中可将隶属度定义为权重的概念，将 R 进行转置得到目标对"重要性"的相对隶属度矩阵，即

$$W = \begin{bmatrix} w_{11} & w_{12} & \cdots & w_{1n} \\ w_{21} & w_{22} & \cdots & w_{2n} \\ \cdots & \cdots & \cdots & \cdots \\ w_{m1} & w_{m2} & \cdots & w_{mn} \end{bmatrix} = (w_{ji})_{n \times m} = R^T \tag{5-8}$$

由 W 可见，n 个方案关于因素 c_i 对重要性的相对隶属度向量 $w_{(i)} = (w_{1i}, w_{2i}, \cdots, w_{ni})^T$。由于方案集中各方案间公平竞争，无任何偏好，针对因素 c_i 的重要性而言，n 个方案具有相同的权重。于是因素 c_i 与理想重要及理想不重要目标的差异可分别用广义距离表示：

$$d_{yi} = \| y - w_{(i)} \|_p = \{\sum_{j=1}^{n}(1 - w_{ji})^p\}^{\frac{1}{p}} \tag{5-9}$$

$$d_{zi} = \| z - w_{(i)} \|_p = \{\sum_{j=1}^{n} w_{ji}^p\}^{\frac{1}{p}} \tag{5-10}$$

式中：p——距离参数，当 $p=1$ 时为海明距离，$p=2$ 时为欧氏距离。

设因素 c_i 对重要的相对隶属度为 $w_{(i)}$，对不重要的相对隶属度为 $w_{(i)}^c$，根据模糊集合的余集定义有 $w_{(i)}^c = 1 - w_{(i)}$。

为更完善地表达因素 c_i 与理想重要和理想不重要目标向量之间的差异,以 $w_{(i)}$ 与 $w_{(i)}^c$ 为权值,可得广义加权距离:

$$D_{yi} = w_{(i)} d_{yi} = w_{(i)} \left\{ \sum_{j=1}^{n} (1 - w_{ji})^p \right\}^{\frac{1}{p}} \quad (5-11)$$

$$D_{zi} = w_{(i)}^c d_{zi} = (1 - w_{(i)}) \left\{ \sum_{j=1}^{n} w_{ji}^p \right\}^{\frac{1}{p}} \quad (5-12)$$

为了确定 $w_{(i)}$,建立目标函数:目标的加权距离 D_{yi} 与 D_{zi} 平方的总和最小,即

$$\min\{F(w_{(i)}) = D_{yi}^2 + D_{zi}^2\} = w_{(i)}^2 \left\{ \sum_{j=1}^{n} (1 - w_{ji})^p \right\}^{\frac{2}{p}} + (1 - w_{ji})^2 \left\{ \sum_{j=1}^{n} w_{ji}^p \right\}^{\frac{2}{p}}$$
$$(5-13)$$

求上式的导数,并令其为零,即

$$\frac{\mathrm{d}F(w_{(i)})}{\mathrm{d}w_{(i)}} = 0 \quad (5-14)$$

解得

$$w_{(i)} = (1 + d_{yi}^2 \cdot d_{zi}^{-2})^{-1} \quad (5-15)$$

5.4.3 计算实例

一座服役期为 35 年的钢筋混凝土桥,2008 年对其全面检测,发现钢筋开始产生锈蚀,现需根据以下原则确定加固方案是:

(1)在满足加固效果可靠的前提下,造价低、工期合适,并且加固后的维修费用少;

(2)能满足桥梁的功能要求,包括强度、刚度、稳定性等;能够适应新旧结构的协调工作要求,尽量避免对原结构产生不利影响;

(3)所采用的加固方案技术先进、成熟,与结构所处环境的具体条件相适应;

(4)技术简单、所占场地较小,与被加固结构的类型相适应,施工水平满足要求。

现经过论证提出了 3 种加固方案:

(1)粘贴碳纤维,以阻止钢筋锈蚀进一步发展;

(2)加固桥梁构件,采用粘贴钢板,提高桥梁构件承载力;

(3)换掉桥梁构件。现需综合考虑各种因素选择一种加固方案。

1)建立因素集

因素集为:c_1 工程造价,c_2 工期,c_3 寿命周期成本,c_4 施工可操作性,c_5 技

可行性,c_6 刚度,c_7 新旧桥梁的协调性。其层次关系如图 5-1 所示。

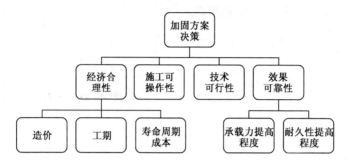

图 5-1 加固方案优选系统模型

2) 建立方案集

3 个方案的工程造价、工期、寿命周期成本(年值成本)见表 5-5。

各方案定量因素表　　　　　　　　　表 5-5

方　案	工程造价/万元	工期/月	寿命周期成本(年值成本)/万元
方案 1(粘贴碳纤维)	98	1	5.2
方案 2(粘贴钢板)	237	2	6.5
方案 3(换掉桥梁构件)	594	5	8.1

3) 应用多层多目标模糊优选模型进行分析

(1) 相对隶属度矩阵

对于定量性的因素可以运用式(2)或式(3)进行计算。如 c_1 工程造价、c_2 工期、c_3 寿命周期成本都是定量因素,指标越小越优,利用式(3)计算可得 $r_{11} = 98/98 = 1$;$r_{12} = 98/237 = 0.413$;$r_{13} = 98/594 = 0.165$,则 $_1r = (1, 0.413, 0.165)$。同理可得 $_2r = (1, 0.5, 0.2)$,$_3r = (1, 0.8, 0.642)$。

对于定性因素要用二元论方法确定。如 c_4 因素就是定性因素,其定性排序矩阵为:

$$_4\boldsymbol{E} = \begin{matrix} & \begin{matrix} v_1 & v_2 & v_3 \end{matrix} \\ \begin{matrix} v_1 \\ v_2 \\ v_3 \end{matrix} & \begin{bmatrix} 0.5 & 1 & 1 \\ 0 & 0.5 & 1 \\ 0 & 0 & 0.5 \end{bmatrix} \end{matrix} \begin{matrix} 2.5 & 1 \\ 1.5 & 2 \\ 0.5 & 3 \end{matrix}$$

针对因素 c_4,方案 1 较方案 2"略为"优越;方案 1 较方案 3"显著"优越。故 $_4r = (1, 0.667, 0.333)$,类似可以确定其他定性因素的相对隶属度。

(2)分层考虑

第 1 层模糊矩阵为：

$$_1\mathbf{R} = \begin{bmatrix} 1 & 0.413 & 0.165 \\ 1 & 0.5 & 0.2 \\ 1 & 0.8 & 0.64 \end{bmatrix}$$

根据式模糊定权法，确定权重向量为(0.35,0.25,0.40)，则根据式(7)可得 $_1u = (1,0.674,0.247)$，同理可得 $_2u = (1,0.667,0.333)$；$_3u = (1,1,1)$；$_4u = (0.654,0.773,1)$。由此得到相对隶属度矩阵：

$$\mathbf{R} = \begin{bmatrix} 1 & 0.674 & 0.247 \\ 1 & 0.667 & 0.333 \\ 1 & 1 & 1 \\ 0.654 & 0.773 & 1 \end{bmatrix}$$

同理根据模糊定权法，确定权重向量为(0.256,0.195,0.144,0.405)，由此得到各个方案的相对优属度为：(0.974,0.909,0.800)。从该桥梁各种因素整体考虑来说，选择粘贴碳纤维是最优方案。加固 1 年后进行检测，发现腐蚀没有继续恶化，证明方案的选择是合理、有效的。

参 考 文 献

[1] 中建标公路委员会.JTGB 01—2003.公路工程技术标准[S].北京:人民交通出版社,2003.

[2] 陕西省公路局,长安大学.JTGH 11—2004.公路桥涵养护规范[S].北京:人民交通出版社,2004.

[3] 中交公路规划设计院.JTG D60—2004.公路桥涵设计通用规范[S].北京:人民交通出版社,2004.

[4] 河南省交通厅公路管理局.JTJ 075—94.公路养护质量检查评定标准[S].北京:人民交通出版社,1994.

[5] 中交公路规划设计院.JTG D62—2004.公路钢筋混凝土及预应力混凝土桥涵设计规范[S].北京:人民交通出版社,2004.

[6] 交通部公路科学研究所.JTG F80—2004.公路工程质量检验评定标准[S].北京:人民交通出版社,2004.

[7] 中国建筑科学研究院.CECS03:88.钻芯法检测混凝土强度技术规程[S].北京:中国建筑工业出版社,1988.

[8] 中国建筑科学研究院.CECS02:88.超声回弹综合法检测混凝土强度技术规程[S].北京:中国建筑工业出版社,1988.

[9] 陕西省建筑科学研究设计院.JTG/T 23—2001.回弹法检测混凝土抗压强度技术规程[S].北京:中国建筑工业出版社,2001.

[10] 中华人民共和国建设部.GB 50068—2001.建筑结构可靠度设计统一标准[S].北京:中国建筑工业出版社,2001.

[11] 中华人民共和国交通部.GB/T 50283—1999.公路工程结构可靠度设计统一标准[S].北京:中国建筑工业出版社,1999.

[12] 中交第一公路勘察设计研究院有限公司.JTGT 522—2008.公路桥梁加固设计规范[S].北京:人民交通出版社,2008.

[13] 中交第一公路勘察设计院.JTGT J23—2008.公路桥梁加固施工技术规范[S].北京:人民交通出版社,2008.

[14] 交通部第二公路勘察设计院.公路旧桥承载力鉴定方法[S].北京:人民交通出版社,1988.

[15] 国家工业建筑诊断与改造工程技术研究中心.CECS 146:2003.碳纤维片材加固混凝土结构技术规程[S].北京:中国技术出版社,2003.

[16] 刘来君.桥梁加固设计与施工要求[M].北京:人民交通出版社,2004.

[17] 宋一凡.公路桥梁荷载试验与结构评定[M].北京:人民交通出版社,2002.

[18] 刘自明.桥梁工程检测手册[M].北京:人民交通出版社,2001.

[19] 杨文渊.桥梁维修与加固[M].2版.北京:人民交通出版社,1989.

[20] 谌润水,等.公路旧桥加固技术与实例[M].北京:人民交通出版社,2002.

[21] 范立础.桥梁工程[M].2版.北京:人民交通出版社,2001.

[22] 郭永深,叶见曙.桥梁技术改造[M].北京:人民交通出版社,1991.

[23] 吴慧敏.结构混凝土现场检测新技术:混凝土非破损检测[M].长沙:湖南大学出版社,1998.

[24] 刘效尧,蔡建,刘晖.桥梁损伤诊断[M].北京:人民交通出版社,2002.

[25] 王毅娟,王健.现代桥梁检测技术追踪[J].中国公路学报,2003.

[26] 段湘龙.桥梁检测技术的探讨[J].中国公路学报,2003.

[27] 刘自明,王邦楣.既有桥检测评估的若干要点[J].桥梁建设,2000(3).

[28] 张澎曾,殷宁骏,杨梦蛟.混凝土旧桥的评估与加固[J].铁道建筑,1994.

[29] 刘沐宇,袁卫国.桥梁无损检测技术的研究现状与发展[J].中外公路,2002,22(6):135-139.

[30] 铁志杰.21世纪桥梁管理的无损检测[J].国外桥梁,1999(4).

[31] 胡大琳,王克鸿.钢筋混凝土梁桥破损模态分析及承载力评定[J].西安公路交通大学学报,1999.

[32] 李桂华,许士斌,等.大型桥梁动力特性检测方法[J].应用力学学报,1996,13(1).

[33] 王解元.预应力混凝土连续梁桥工作性能研究[J].公路交通科技,1995,12(2).

[34] Moses. F. Bridge capacity assessment and control of posting. permit and legal vehicle loads[J]. In Haring. E. J. et al(ed): Bridge Management. Elsevier Science Publishes Ltd. London. 1990.

[35] RICHARDMG. Shear key for strengthening bridges[D]. Colorado State University. 2001.

[36] NATTERER J. HAMM J. FAVRE P. Compose Wood-Concrete Floors for Multistory Buildings[C]. Proceedings of the International Wood Engineering Conference. New Orleans. Louisiana. 1996.

[37] BS 1881 Methods of testing concrete Part4, British Standards Institution.

[38] BS 4408 Recommendations for non-destructive methods of test for concrete Part

4&5, British asatandards Institution.

[39] H. P. Hong. Assessment of reliability of aging reinforced concrete structures. Journal of Structural, 2000(12).

[40] 张立明. Algor、Ansys 在桥梁工程中的应用方法与实例[M]. 北京:人民交通出版社,2003.

[41] 张建仁,刘扬,许福友,郝海霞. 结构可靠度理论及其在桥梁工程中的应用[M]. 北京:人民交通出版社,2003.

[42] 王钧利. 在役桥梁检测、可靠性分析与寿命预测[M]. 北京:中国水利水电出版社、知识产权出版社,2006.

[43] 项海帆. 高等桥梁结构理论[M]. 北京:人民交通出版社,2001.

[44] 兰海,史家钧. 灰色关联分析与变权综合法在桥梁评估中的应用[J]. 同济大学学报. 2001(1):50-54.

[45] 杨则英,曲建波,黄连遂. 基于模糊综合评判和层次分析法的桥梁安全性评估[J]. 天津大学学报. 2005(12):1063-1067.

[46] 叶培伦,余亚南. 应用层次分析法评判混凝土桥梁综合性能[J]. 华东公路. 2000(65):18-20.

[47] 罗桂东. 旧桥承载能力评定的影响因素[J]. 市政技术. 2005,23(5):278-281.

[48] 史志华,等. 钢筋混凝土结构构件正常使用极限状态可靠度的研究[J]. 建筑科学. 2000,16(6):4-11.

[49] 张俊芝,苏小卒. 无粘结部分预应力混凝土构件的可靠性[J]. 建筑科学. 2002,18(2):152-154.

[50] 杜斌,向天宇. 基于时变可靠度理论的既有桥梁结构动态可靠度指标计算[J]. 东北林业大学学报. 2009,37(10):69-71.

[51] 粟洪,程进. 神经网络技术在预应力混凝土桥梁可靠度分析中的应用[J]. 结构工程师. 2009,25(2):71-75.

[52] 钟金全. 预应力混凝土连续梁桥结构可靠性初步分析[D]. 上海:同济大学,2002:46-48.

[53] 姚爱军. 预应力混凝土裂缝控制及可靠性分析[D]. 重庆:重庆建筑大学,1997:33-38.

[54] 张俊芝. 在役工程结构及无粘结预应力混凝土结构可靠性理论[D]. 上海:同济大学,2003:141-149.

[55] 黄阿岗. 基于动态可靠度的钢筋混凝土拱桥评估分析[D]. 武汉:武汉理工

大学,2009:41-55.

[56] Majcer N, Rajer-kanduck. Novic M Modeling of property prediction from multi-component analytical data using different neural networks[J]. Anal. Chem. 1995,13(67):2154-2161.

[57] Michael A Stevens and Jack Linard. The Safest Dam[J]. Journal of Hydaraulic Engineering. ASCE. 2002(128):1,139-143.

[58] ACI. Strength Evaluation of Existing Concrete Bridges. American Concrete Institute. Detroit. 1988.

[59] Bazant Z P and Cedolin L. Blunt Crack Band Propagation in Finite Element Analysis. ASCE,1979, 297-315.

[60] 龙建光.钢筋混凝土构件裂缝研究与工程应用[D].长沙:中南大学,2006.

[61] Jiang,J. Finite Element Techniques for Static Analysis of Structuresin Reinforced Concrete, Chalmers Univ. of Tech., Sweden..

[62] Chen,W. F., Plasticity in Reinforced Concrete, McGraw-Hill, New York,1981.

[63] Otteson,N. S., A Failure Criterion for Concrete, ASCE, v. 103, EM4, 1977.

[64] Chen,W. F. and Suzuki,H., Constitutive Models for Concrete, Computers and Structures, v. 12,1980.

[65] Podgerski, J., General Failure Criterion for Isotropic Media,J. Eng. Mech., v. 111,2,1985.

[66] Lade,P. V., Three-Parameter Failure Criterion for Concrete, ASCE, v. 108, EMS,1982.

[67] 许锦峰.带有知识和数据库的随动不均匀强(软)化硅本构模型[D].北京:清华大学土木系,1989.

[68] Ngo,D. and Scordelis,A. C., Finite Element Analysis of Reinforced Concrete-Beams,. AGI,v. 64,3,1967.

[69] Ohtani,Y. C. and Chen,YV. F., Hypaelastic-Perfectly Plastic Model for Concrete Materials,J. Eng. Mech.,v. 113,12,1987.

[70] Bathe, K. J. et al., Nonlinear Analysis of Concrete Structures, Computers and Structures, v. 32,3/4,1987.

[71] Chen,A. C. T. and Chen,W. F., Constitutive Relations for Concrete, ASCE, v. 101,EM4,1975.

[72] Chen,W. F., Evaluation of Plasticity – Based Constitutive Models for Concrete Materials,SM Archives 13/1,1988.

[73] Bazant, Z. P. and Kim, S. S., Plastic-Fracturing Theory for Concrete, ASCE, v. 105, EM3, 1979.

[74] Lubliner, J. et al., A Plastic – Damage Model for Concrete, Int. J. Solids Structures, v. 25, 3, 1989.

[75] Bazant, Z. P. and Shich, C. L., Endochronic Model for Nonlinear Triaaial Behavior of Concrete, Nucl. Eng. Des., v. 47, 1978.

[76] Kupfer, H. et al., Behavior of Concrete under Biaaial Stresses, J. ACI, v. 66, 8, 1969.

[77] Van Mier, J. G. M., Multiaaial Strain – Softening of Concrete, Materials and Structures, RILEM, v. 19, L I 1, 1986.

[78] 刘西拉,籍考广. 混凝土本构模型的研究[J]. 土木工程学报,1989,22(3).

[79] Rashid, Y. R., Nonlinear Analysts of Reinforced Concrete by the Finite Element Method, J. ACI, r. 65, 9, 1968.

[80] Hillerborg, A. et al., Analysis of Crack Formation and Crack Growth in Concrete by Means of Fracture Mechanics and Finite Element, Cement and Concrete Research, v. 6, 1976.

[81] Tassios, T. P. and Vintzeleou, E. N., Concrete-to-Concrete Friction, J. Stru. Eng. v. 1 13, 4, 1987.

[82] Divakar, M. P. et al., Constitutive Model for Shear Transfer in Cracked Concrete, J. Stru. Eng., v. 113, 5, 1987.

[83] Yoshikawa, H. et al, Analytical Model for Shear Slip of Cracked Concrete, J. Stru. Eng., v. 115, 4, 1989.

[84] Mirza, M. S. and Houde, J., Study of Bond Stress-Slip Relationships in Reinforced Concrete, J. ACI, v. 76, 1, 1979.

[85] Somayaji, S. and Shah, S. P., Hond Stress Yersus Slip Relationship and Cracking Response of Tension Members, 1. ACI, v. 78, 3, 1981.

[86] Yang, S. and Chen, J., Bond Slip and Crack Width Calculations of Tensionembers, ACI Stru. J., v. 85, 4, 1988.

[87] 徐有邻. 变形钢筋-混凝上粘结猫固性能的试验研究[D]. 北京:清华大学土木系,1990.

[88] Krcfeld, W. J. and Thurston, C. W., Contribution of Longitudinal Steel to Shear Resistance of Reinforced Concrete Beams. J. ACI, v. 63, 3, 1966.

[89] Dulacska, H., Dowel Action of Reinforcement Crossing Cracks in Concrete,

ACI, v. 69,12,1972.

[90] Fenwick, R. C. and Pauley, T., Mechanisms of Shear Resistance of Concrete Beams, ASCE, v. 94, ST10. 1968.

[91] limenez, R. et al., Bond and Dowel Capacities of Reinforced Concrete, 1. ACI, v. 76,1:1979.

[92] Houde, J. and Mirza, M. S., A Finite Element Analysis of Shear Strength of Reinforced Concrete Beams, Shear in Reinforced Concrete, v. 1, SP42, ACI, Detroit,1974.

[93] Soroushian, P. et al., Behavior of Bars in Dowel Action against Concrete Cover, ACI Suu. J., v. 84,2,1987.

[94] Johnston, D. W. and Zia, P., Analysis of Dowcl Action, ASCE, v. 97, STS, 1971.

[95] Frantuskakis, C. and Theillout, J. N., Nonlinear Finite Element Analysis of Reinforced Concrete Structures with a Particular Strategy Following the Cracking Process, Computers and structures, v. 31,3,1989.

[96] Smith, P. D. and Anderson, C. A., Nonsap-C: A Nonlinear Stress Analysis Program for Concrete Containments under Static, Dynamic, and Long-Term Londings, Los Alamos National Lab. Report NUREG/CR-0416, Oct., 1978.

[97] 张远高. 求解非线性方程组的改进弧长法[J]. 计算数学增刊,1990.

[98] Risk, E., An Incremental Approach to the Solution of Snapping and Bulking Problems, Int. J. Solids Structures, v. 15,1979.

[99] Ramn, E., Nonlinear Finite Element Analysis in Structural Mechanics, Bochum, July, 1980.

[100] Cristfield, M. A., A Fast Incremental/Iterative Solution Procedure That Handles "Snap-through", Computers and Strutures, v. 13,1981.

[101] 竺润祥,派列希. 解赛线性有限元问题的组合弧长法[J]. 西安:西北工业大学学报,1981(3).

[102] Bellini, P. X. and Chutya, A., An Improved Automatic Incremental Algorithm for the Efficient Solution of Nonlinear Finite Element Equations, Computers and Structures, v. 26,1/2,1987.

[103] 郝文化. ANSYS 土木工程应用实例[M]. 北京:中国水利水电出版社,2005.

[104] 龚曙光. ANSYS 基础应用及范例解析[M]. 北京:机械工业出版社,2004.

37-38.

[105] Kapania R. K. Raciti S. Recent Advances in Analysis of Laminated Beams and Plates , PartI: Shear Effects and Buckling. A1AA Journal. Vol. 27. p. 923-934,1989.

[106] Kapania R. K. Raciti S. Recent Advances in Analysis of Laminated Beams and Plates,PartII: Vibrations and Wawe Propagation. AIAA Journal,Vol. 27. p. 935-946,1989.

[107] Ghai H, Babcock C D and KNauss W G . One Dimensional Modeling of Failure Laminated Plates by Delaminated Buckling. Liternational J Solids and Structure, 1981,17(1), pp. 1069-1083.

[108] Prathap G. , Bhashyam G. R. . Reduced Integration and the shear Flexible Beam Element. Int. J. Numberical Methods in Engineering. Vol. 20,1984.

[109] Levinson M. . A New Rectangular Beam Theory. J. of Sound and Vibration. 74,1981,81-87.

[110] Bickford W. B. . A Consistent Higher Order Beam Theory. Developments in Theoretical and Applied Mechanics. 1982. I1:137-150.

[111] reddy J. N. . A simple Higher Order Theory of Laminated Composite Plates. J. Applied Me-chanics,1984,71:745-752.

[112] 樊建平,杨奇.定跨长复合材料层合梁大挠度经典理论精确解[J].武汉化工学院学报,1994,16(1).

[113] 纪多辙,王有凯.用状态空间法求解简支叠层梁在任意横向载荷作用下的精确解力学与实践[J].力学与实践,1998(1).

[114] 息志臣,陈浩然.复合材料层合梁理论[J].复合材料学报,1994,11(2).

[115] 胡伟平,孟庆春,张行.受分布载荷复合材料层合梁应力分析的一般理论[J].复合材料学报,2003,20(4).

[116] 谌润水.旧桥加固与桥梁建设可持续发展[A].第二届亚太可持续发展交通与环境技术会议论[C].

[117] 单成林.旧桥加固设计原理及计算示例[M].北京:人民交通出版社,2007.

[118] 岳清瑞,杨勇新.复合材料在建筑加固、修复中的应用[M].北京:化学工业出版社,2005.

[119] 王国鼎,袁海庆,陈开利.桥梁检测与加固[M].北京:人民交通出版社.2003.

[120] 张劲泉,王文涛.桥梁检测与加固手册[M].北京:人民交通出版社,2007.

[121] 张树仁.王宗林桥梁病害诊断与改造加固设计[M].北京:人民交通出版社,2006.

[122] 刘真岩,周建斌.旧桥维修加固施工方法与实例[M].北京:人民交通出版社,2005.

[123] 朱伯芳.有限元法原理与应用[M].北京:中国水利水电出版社,1998.

[124] 王根会.桥梁检测与维修加固[M].兰州:兰州大学出版社,2004:152-155.

[125] 李凤求,杨莉.桥梁加固技术探讨[J].湖南交通科技,2005(2).

[126] 肖敏,雷昌龙.混凝土桥梁的病害防治[J].桥梁建设,2002(2).

[127] 张涛,李纪元,邱焕蒙.粘贴钢板在桥梁加固中的应用[J].交通标准化,2007(6).

[128] 李建峰.桥梁体外预应力加固技术的工程应用[J].福建建筑,2006(2).

[129] 安井刚,胡爱敏.浅谈桥梁的加固与维修[J].交通科技,2002(4):38-40.

[130] 刘芳.旧桥病害缺陷的改造与修补[J].广西交通科技,2003(5):90-92.

[131] 吴海军,陈艾荣.桥梁结构耐久性设计方法研究[J].中国公路学报,2004.

[132] 黄颖.混凝土板桥病害分析及加固方法研究[D].西安:长安大学,2005.

[133] 卢波.桥梁加固与改造[M].北京:人民交通出社,2004:102-104.

[134] 冯永利.浅谈桥梁加固[J].山西建筑,2008,34(2):326-327.

[135] 张鹏.桥梁加固方案的层次分析优选法[J].公路交通科技,2006,23(7):92-95.

[136] 朱建华,张克波,钟正强,等.基于模糊相似优先比的旧桥加固方案决策[J].公路与汽运,2005(1):77-79.

[137] 徐玖平,吴巍.多属性决策的理论与方法[M].北京:清华大学出版社,2006:85-94.

[138] GUO Ya-jun. Comprehensive Assessment Theory and Method [M]. Beijing: Science Press, 2002:71-74.

[139] Y. Mori, B. R. Ellingwood. Maintaining reliability of concrete structures. I. Roleof inspection/repair[J]. Joural of structural engineering, 2006, (3):46-48.